ハッピーチェンジの法則

この世にはいない存在「自然霊」との取次

The law of Happy Change

スピリチュアル・ミーディアム
田井善登
Tai Zento

ヒカルランド

はじめに

激動の2020年。私たちの生活は変わらざるを得ないところにやってきました。霊的な観点からみると、今までの生き方に胡坐《あぐら》をかいてきた人たちに対して「いい加減、足元を見なさいよ」というメッセージが強く出た年でもありました。

2019年までは、誰が偉い・偉くない、誰がお金を持っている・持っていないなど、目に見えるところでの競い合いがある時代でした。けれど2020年の3月からは「心を見なさい」ということで、全世界がそちらに動き始めました。「今あるものが当たり前だと思ってはいけない。心で学びなさい。心を成長させなさい」と言われているのです。

今後は、さらに貧富の差が拡大していきます。たとえば、携帯電話や車業界の中でもA社はコロナ禍の経済状況の中で生き延びたとしても、B社は伸び悩むといったことが現れてきます。A社はボーナスも変わらない額が出て、業績も安定しているけれども、B社はボーナスが減額し、業績が少しずつ落ちていくというように、同じ業種であっても貧富の差は開いていきます。

メディアの在り方も、これまでとは変わってくるでしょう。今まで娯楽といえばテレビでしたが、コロナ禍においてテレビ離れが進みました。その一方で、YouTubeやTikTok、AbemaTVなど、スマートフォンやタブレットで好きな時に好きな番組を見ることへの需要が高まりました。2021年はこの流れがさらに加速していきます。

これにともない、芸能人の方々の在り方も変化します。大手芸能プロダクションとテレビ業界の癒着が崩れ、大手に在籍していた芸能人が独立する流れはこの先も続いていきます。これまではテレビに出ることによって知名度を高められていましたが、この形が変わっていき、YouTubeなどでの発信が増えていきます。とはいえ、テレビは1％の視聴率で70万人ほどが見ているといわれるメディア。大きな母体に変わりはないのですが、そこにだけしがみついていると、時代の流れに取り残されてしまいます。

2021年は小さな地震が起こりやすく、社会情勢が不安定になり、貧富の差が激しくなるので、心が安定しない人たちが突発的な行動に出ます。放火など火を使った犯罪、通り魔などの犯罪が目立つ年になります。DVや子どもの虐待も、過去に例を見ないほど増えます。離婚率も高くなります。

こうした状況の中、私たちは自分にとって必要であるものとそうでないものを、しっかり見極められるようになっていきます。コロナ禍において、今まで当たり前にあった収入が途絶えたり、減ってしまったりしたことから、これを学んでいる人も多いでしょう。ほしいものには金に糸目をつけないけれど、いらないものは100円でも買わない。そうした線引きが明確に出ます。

2021年のキーワードは「見極め」です。今までは、誰かが敷いた「こうすれば成功する」というレールの上を走れば誰でも成功していました。けれど、これからは一人ひとりが頭を使う時代。流行りに飛びついて、みんなと同じことをしていれば安心という時代ではなくなっていきます。自分のオリジナリティを生かし、感謝や謙虚さという心を持ちながら、人や社会とつながっていくことが必要になります。

こうした時代の変化を乗り越えていくために必要なスピリチュアルな学びを本書ではご紹介していきます。今がどんなに苦しくても、必ず道はあります。今、何かに行き詰まっている方々へのサポートとなれば幸いです。

目次

第2章 すべてお見通し⁉ 驚愕のセッション体験談

第3章　誰でも心にココロニー（心の安住地）を持っている

第4章　生涯収入は生まれた時に決まっている

第5章　応援する人は応援される

第6章　運命の赤い糸は1本しかないと思っていませんか?

第7章　幸せになれる人の習慣、なれない人の習慣

第8章 あなたの人生に訪れる神様からのメッセージ

カバーデザイン　重原隆
校正　トップキャット
出版プロデュース　天才工場　吉田浩
編集　福元美月
ライティング　「cosmic flow」岡田光津子
写真　原田京子
本文仮名書体　文麗仮名（キャップス）

序 章

2022年から
本格的な心の時代に

◆2021年はリセット、2022年は復興の年

新型コロナウイルスによって2020年に世界は一変し、これまでとは異なる日常を余儀なくされました。そして2021年はリセット・変化の年、2022年は復興の年となります。ですが、これは新型コロナウイルスからの復興ではなく、これまで一生懸命に頑張っていたけれど報われなかった人々がようやく日の目を見る。そんな意味合いを含めた復興ということになります。

2022年からは本格的に心の時代に入ります。これからはお金や地位や名誉ではなく、人間性が一番大事になってきます。稼ぎがいい・悪い、いい家に住んでいる・住んでいないなどといった物質的なことに踊らされない時代に入っていきます。同時にお金に踊らされる人とそうでない人との二極化がさらに進むでしょう。お金や物質的豊かさを追い続けるか、心の豊かさに焦点を当てていくか、「あなたはどちらを取りますか？」ということが問われてきます。

これからは人間性を養うことが大切な時代になっていきます。お金や結果至上主義の会

社か、働く人の心の健康や本当に世の中の役に立つ商品を適正に販売する会社か。そういうことが社会からものすごく評価されるようになります。自分たちさえ稼げればいいという利己主義の会社は、２０２３年以降は経営的にものすごく厳しくなっていくでしょう。

逆にこれまであまりスポットの当たらなかった、人間性や人の心を大切にしている人々やそういった組織が大切にされるようになっていきます。２０２２年はこれまで陰ながら誰かのためにと頑張ってきた人たちに光が当たる年になります。その反対に、人を泣かせてお金をむしり取っていたような人たちは、どんどん力をそがれていきます。これまで自分のやってきたことが、良きにつけ悪しきにつけ、報いとしてしっかり出る年になります。

世界的な状況としては、各国がそれぞれに自己主張を始め、心理戦が繰り広げられるので、目に見えない部分での駆け引きが起こります。戦争までにはいきませんが、その一歩手前くらいまで白熱することが増えます。そして心の時代なので、心の戦争があちこちで起き始めます。サイバーテロやＳＮＳによる情報漏洩など、ネットワークシステムに絡む戦いが増えるでしょう。

日本国内においては総理大臣が変わり、外交的な部分にはそこまで積極的な動きは起きないようです。ある意味、安全パイを取るような形になります。それが間違った方向に出ることもありそうですが、そこまで大きなダメージにはならないようです。

◆「食」「心」「山・水」がキーワードに

2022年は「食」に関することがクローズアップされる年になります。食に関する問題はこれから10年ほど続きます。その最初の一年目ということで、たくさんの事柄があぶり出されるでしょう。食品の偽装や廃棄など、「食」に関する警鐘が鳴り始める年なので、食べ物に関することには注意が必要です。

男女の愛や同性愛といった部分も大きく進展していきます。ある意味、自己主張が出る年でもあります。良い意味では物事がクリーンになり、悪い意味では出る杭は打たれるということになりますが、これまで隠されていた事柄が明らかになる流れは強くなるでしょう。

女性問題が明るみに出やすい年でもあります。これまでは隠せていた不倫が思わぬところから明るみに出たり、女性や女児が絡んだ誘拐事件なども起こりやすくなったりします。なお新型コロナウイルスの猛威は少しずつ落ち着いていきますが、働き方や人々の考え方はこのまま変化し続け、もう以前のように戻ることはありません。結局コロナがよどんでいた水を一掃し、そこから新しい流れが始まりました。2022年に入ると、2020、

２０２１年はシフトチェンジしていく準備期間としてあったということがわかると思います。

２０２２年は「山」「水」に関することにも注意が必要です。山や水に関わる事件や事故などが目立つ年になります。火山活動というよりは、山での事件、事故、遭難、ゲリラ豪雨や洪水などがピックアップされやすくなります。

２０３０、２０３１年が本当に大きなターニングポイントとなるので、ここで起きる地震や災害は非常に大きなものとなります。２０２２年はそこまで大きな地震がくることはありませんが、大いなる自然の中で、私たち人間は生かされていると知る一年になるでしょう。

◆言葉の力を大切にして出来事の裏を読み取る

２０２２年をより良く生きるには、言葉の力を知ることが大切になります。現在、ＡＩの台頭や各方面に出ているコロナウイルスの影響で、これまでにないくらい人との距離を取ることが必要とされてきました。特に地方に行くと、「あの人は東京から来たらしい」「東京から来るなら今はもう来ないでほしい」など、人との距離を取る感覚がより強くなっていました。

こうした状況だからこそ、言葉が持つ力に意識を向けてほしいのです。「おはよう」から始まり「おやすみ」にいたるまで、言葉の力を侮らないでください。言葉を粗末に扱わないでください。

また、誰かから言葉をかけてもらうのを待つのではなく、自分から言葉をかけていくことも大切です。人とのコミュニケーションや関係性を含めて、「心」というものを見せられる年になっていきます。

現在のようにどんどん人と人との距離や関係性が希薄になっていくことに対し、霊界ではそれを良しとしない部分もあるようです。そのため、新型コロナウイルスをはじめとするさまざまな事件、事故といった現象で「心を知りなさい」というメッセージを見せられています。「生かされていることを知りなさい」「人の言葉に力があることを知りなさい」ということを通じて、人間の立ち位置、自然との向き合い方など、これまでしっかり取り組んでこなかったことを知る年になります。

それと同時に、2022年はこれまで築いてきたものが霊界の意に沿うようなものだったのかどうかが明らかになります。たとえば、大手芸能プロダクションに所属する芸能人の方々が、最近は独立することが増えていますね。

今までは大手プロダクションとテレビ局との癒着があり、番組で起用する・しないといった忖度がありましたが、そういうことがこれからはもうできない世の中になっていきます。お金やしがらみでつながっていた関係が途絶え、真に才能のある人たちが台頭してくるともいえるでしょう。

２０２１年から２０２２年にかけては、こうした変化をテレビやインターネットなどを通して感じることが多くなるでしょう。この時に、ぜひ皆さんにはそれを見てどう感じるか。それを意識していただきたいのです。「今まで好き勝手やってきたからこうなったのだ」もしくは「人のためにやってきたことがこのように評価されているのだ」というように感じながら世の中の変化をみていってください。

今まで当たり前のようにあった大きな会社や組織が売却されたり、合併されたり、潰れたりと、いろいろなことが起きてきます。そういうことも、霊界からの評価が現実化しているということです。端からは見えない裏の部分を霊界がしっかり評価しており、「あなたたちは好き勝手していい思いをしてきましたよね。これからはそうはいきませんよ」、もしくは「あなたたちはずっと人のために一生懸命コツコツ努力してきましたね。これからはそれをより多くの人のために活用してください」ということになります。

2022年、ここからさらに世界は変わっていきます。その変化の裏にある霊界からのメッセージをぜひ読み取ってください。そして、あなた自身の生き方はどうか。そうしたところにも意識を向け、自分の生きてきた道、そしてこれから生きていきたい方向性を考える時間をとってみてください。いいことも悪いことも鏡のように現実に映し出されるので、定期的に内観する時間を設けてもよいでしょう。

もし今苦しいところにいるという方には、こうお伝えしたいです。明けない夜はありません。自分自身の生き方を見直して、より良い人生を生きるための指針を見出してほしいと願っています。

第１章

神様から受け取った「ハッピーチェンジ」の仕事

◆自宅に神社を建てた理由

私は白浜海岸や高野山で有名な和歌山で、スピリチュアル・ミーディアム（霊的能力者）として年間約1000人の方々を鑑定し、幸せな人生を得るためのアドバイスをさせていただいています。私が行っているセッションでは、この世にはいない方からの言葉をおろすことが多いため、霊媒といわれることもあります。

ここでは、私がこうした仕事を始めた経緯からお話ししたいと思います。和歌山の我が家には、神社があります。信じるか信じないかは別として、ある日突然「ここにお稲荷様を祀りなさい」というお告げが天から降りてきました。

このお告げに私は大変戸惑いました。それまでお稲荷さんを参拝したことがなく、ご縁もなかったからです。

どうしようかと迷っていると、ある時、滝行でお世話になっている、救馬渓観音《すくまだにかんのん》を本尊とするお寺のご住職のお母様から声をかけていただきました。

「田井さん、京都の伏見稲荷はご存じですか？　もしよろしければ、一緒に行きませんか？」

突然のこの申し出に驚きました。お告げがあったことは、家族以外には誰にも話していなかったからです。早速、京都の伏見稲荷にご一緒し、そこで事情を説明して御霊分けをしていただきました。そして、お稲荷さんをお祀りして以来、人生を左右するような方々とのご縁がたくさん結ばれるようになりました。

現在、国際ビジネス大学　和歌山校の校長も兼任しているのですが、この大学の理事長である中谷昌文《なかたによしふみ》さんとの出会いもその一つです。中谷さんとは東京で初めてお会いし、2時間ほどお話しさせていただいて「また何かありましたら……」と、その場で終わる感じでした。ところが最後に中谷さんが白浜海岸の写真を見たいというので、自宅の写真も一緒にお見せしたのです。そのときに稲荷神社の写真も見て、「こんな稲荷は見たことがない。僕はここに行きたい」と、数日後に我が家に来てくださったのです。このようにして、お稲荷さんによってつながった人とのご縁というのはものすごくたくさんあるのです。

自宅の神社は善稲荷大社《ぜんいなりたいしゃ》といって道路沿いにあるため、一般の人たちも参拝されています。「縁結びのご利益がある」と評判です。ここに寄っていただいたご縁を大切に、周りの人たちにも良いご縁を結んでいただく。これが、今の私にできるお稲荷さんへの恩返しだと思っています。

◆お稲荷さんの怖さは人の心がつくる

一般的にお稲荷さんのご利益は商売繁盛といわれていますが、商売繁盛も人とのご縁がなければ広がっていきませんよね。そういう意味では、物事全体のご縁を結ぶというのがお稲荷さんの大きな役目だと感じています。

通常、神様は神社、仏様はお寺に祀られていますが、お稲荷さんは自然霊なので、神でも仏でもありません。ただし、日本三大稲荷の一つである愛知県の豊川稲荷はお寺さんです。そして、多くの人に知られている京都の伏見稲荷大社は神社です。なぜこういうことになるかというと、自然霊の場合は神でも仏でもないので、祀る人が神社で祀るか仏寺で祀るかを選べるからです。

私の場合は伏見稲荷大社から分霊していただいているので、神様として祀っています。けれど、豊川稲荷から分霊していただいた方は、仏様として祀られています。いただいた先の状況によって、内容が変わるというわけです。

お稲荷さんというのは、人を殺すことも生かすこともできる存在です。今までカウンセリングの中で、家庭内の不和や病名のつかない病気に悩む方々などをたくさんみてきましたが、中にはお稲荷さんをおろそかにした結果、そうなっている方もいらっしゃいました。

一番インパクトのあったクライアントさんは、ある日突然歩けなくなった娘さんを連れてきたお母さんでした。

「どこの病院に行っても原因がわからないのです」と困り果てていらっしゃいました。車いす生活になったものの、病名がわからないので入院もさせてもらえないというのです。高熱が出てから足が悪くなったことまではわかっていたのですが、なぜ高熱が出たのかの理由はわかっていませんでした。

お母さんはいろいろな霊媒師のところに行き、「因縁だ」などと言われてそのたびにいろいろやってもらい、すでに数百万円も使われていました。「それでも治らないのです」と、私のところに来てくださったのですが、霊視をしてみるとボロボロになったお稲荷さんがみえてきたのです。

「ご自宅にお稲荷さんがありますよね」と尋ねると「実家にあります。ただ、今は誰も何もしていないと思います」と言うのです。そこでお稲荷さんを祀るのに必要なことをアドバイスして全部やっていただきました。今ではその娘さんは歩けるようになっています。

お稲荷さんというのはきちんと祀れば、必ずその人を成功に導いてくれるのです。お金に関することでうまくいっている人の後ろには、必ずお稲荷さんがついていると言っても過言ではありません。本社ビルの屋上にお稲荷さんを祀っている会社なども多いでしょう。うまくいっている人は、たいていお稲荷さんを置いています。

その一方で、お稲荷さんには本当に怖い一面もあります。きちんと信仰してお祀りし、やるべきことをやっていれば、高級なお稲荷さんになり、力を持っていきます。そうすると、ある程度望みが叶うようになっていくのです。ところがおろそかにすると、お稲荷さんはぐれていきます。そうなると身内が死んだり、病気になったり、家庭内にもめ事が増えたりする。このように結果が白黒はっきり出るので、お稲荷さんは怖いのです。

けれど、私からしたらお稲荷さんが怖いのではなく、祀る人間の心のほうが怖いです。自分が頼りたい時だけ、「お願いします。助けてください」とすがってきて、用事が済めば放っておくような、そういう人間の心のほうがあさましいのではないでしょうか。きちんとお祀りすることを続けられない人は、最初からお稲荷さんをお祀りしないほうがいいのです。

先にお話しした自宅のお稲荷さんの社や鳥居は、伏見稲荷の専属の方が泊まり込みで建てくださいました。その方々も「ちゃんと信仰したらいいことがあるけど、できないならやめたほうがいい。殺されるで」とおっしゃっていました。長年不思議な現象をみてこられている方々からの言葉だったので、とても重みを感じました。

◆「願掛け」と「お祈り」の違い

願掛けする人間と、お祈りする人間との違いというのもあります。願掛けの場合、たとえば「私はAさんと結婚したいです。どうかAさんと結婚できるようにお願いします。結婚できるまでお酒は断ちますので、どうかAさんと結婚させてください」と願ったとしますよね。それで願いが成就して結婚できたとしても、お礼参りに行かない人がほとんどなのです。

これを人間同士で考えてみてください。あなたがある人に悩みを相談されたとします。話を聞いてアドバイスし、後日無事に解決したとしましょう。その報告を受けたら、「解決できてよかった」と思うでしょう。けれど、解決しても何の連絡もなかったら、「どうなったか連絡がほしい」と思うのではないでしょうか。神様だって同じです。お願い事をしたら、たとえ一年後であっても、お礼参りは行くべきです。

一方、お祈りの場合は、「この世が平和になるように私をお使いください」「神様が思う世の中をつくるために私をお使いください」といった内容になります。こういうお祈りのほうが神様も耳を傾けてくれやすいかもしれません。ただ、お祈りの場合でも、自分の願いが叶ったと感じた時は「お陰様でこういうことがありました。ありがとうございました」と報告に行くくらいの気持ちでいたほうがよいでしょう。

◆人生の泥沼から引き上げてくれた縁

今でこそ見えない世界の存在ともうまくコンタクトを取れるようになりましたが、子どもの頃は大変でした。もともと見えない世界の存在が見えてしまう子どもだったのですが、当時見えていたものは決して気持ちのいいものではありませんでした。

たとえば「あれ、誰かがいる」と思って振り返ると、鏡に足だけが映っているとか、人影が見えたので行ってみたら誰もいなかったとか、向こうから歩いてくる人がいたのにすれ違いざまに振り返ったらいなかったとか……。

免許を取って間もなく、助手席に友達を乗せて車を運転していたら、ビルから飛んでいる人が見えたので「あれ、あの人飛んでいる！」と言ったら、友達に「昨日ここで自殺があったんや」と言われたこともありました。

現在の仕事に就く前には、霊的なことで一時期ものすごく悩みました。自殺や事件があった場所に行くとすぐ憑依されて、近くのコンビニに駆け込んで吐いてしまうなど、霊的憑依にものすごく苦しんだこともあります。何をしていても、人の負のエネルギーをもらってしまうのです。当時はそういうことに関しての知識も教養もなかったので、日々悩みながら生活を送っていました。

そのような霊に振りまわされる体験ばかりしていたのは、人間修養ができていなかったからだと思います。自分自身の心が、一つところにどっしりとしていなく、人生に対する「覚悟」もできていなかったのです。

高校を卒業して就職したのですが、そのうちにパチンコにはまっていきました。そこから借金をし始めました。消費者金融のＡＴＭでお金を借りるのですが、まるで銀行でお金を引き出すような感覚になっていきました。パチンコでは、一日で最高15万円も負けたことがありました。

パチンコに依存する自分を止めることができず、毎日朝昼晩とパチンコをしていました。

お正月の１日からパチンコを打っていたし、会社に行っても昼休みにはパチンコを打っていたくらいです。

パチンコ依存症になっていき、借金が何百万円と膨らみ始めてにっちもさっちもいかなくなる直前、平成21年（2009）のことでした。私に一つの転機が訪れました。それが嫁との出会いでした。

当初はパチンコのことを知られたくなくて、嘘をつきながらパチンコと借金を繰り返し、挙句の果てに闇金からお金を借り出したのです。その結果、取り立ての電話がものすごくかかってくるようになりました。

嫁とつき合い始めてすぐに、彼女の部屋に転がり込んでいたのですが、「闇金の取り立てがすごいからお金を貸してほしいんや」とお金を借りたり、嫁の財布から勝手にお金を抜いたりしていたのです。

お金がないので、1000円あったらとにかくパチンコに行きました。元手を増やそう、増やそうという思いが強かったのですが、逆にどんどん借金がかさんでいき、数百万円に膨らんだ時に結婚するという話になりました。

この時に嫁が出した条件が、「借金を一度私がすべて返す。そのかわり、今の仕事を辞めて、パチンコはもう一切しないこと」。当時、嫁は福祉の仕事をしていたのですが、仕事を辞めて、トイレ以外は私と一緒にいる生活を始めたのです。貯金を切り崩しながら、私を更生させるためにそうしてくれたのでした。

結婚する前の私は、仕事に行っても好き勝手をして、女遊びもしていたので、浮気がばれたりしていたのです。けれど、先ほどの結婚の条件をのむことにして、借金をすべて清算してもらいました。当時は携帯も持っていませんでした。「持っていたら、どこの女の子に連絡するかわからない」ということで解約され、トイレ以外は嫁と一緒に過ごすという生活になりました。

平成22年（2010）に結婚してから、そういう暮らしを一年ほどした後、嫁の実家が大きな旅館を営んでいたので、そこに行って二人で働くことになりました。

当初は私がそこの調理をするということで、調理場の人から何カ月も料理を教わり、修行をしていたのですが、調理は大の苦手でまったく芽が出ませんでした。そのうち嫁が何百人分もの調理をし始め、私は布団の上げ下ろしや掃除をすることになり、また1年ほど月日が流れていきました。

◆「占い師をしたら?」の一言で人生が変わった

旅館で働き出して一年が過ぎた頃、「今日はこういう一日になる」と、朝起きた時に誰かの声が聞こえ始めました。すると、それと同じことが毎日起こるのです。「今日はこういう人と出会って、こういうことが起こる」「今日はこの時間にこういうことが起こる」と言われ、言われたとおりになる日々が続きました。それを嫁に話したところ、「何かそういう能力があるのではないか」と言われました。

嫁の実家の旅館に仏壇があったのですが、閉じたままの状態でした。私は般若心経が読めたので、朝晩に蠟燭をともして読経する朝勤めと夕勤めを始めたのです。そのうち、紙に悩み事を書いて「これはこうですか?」と尋ねると、YESの時だけろうそくの炎がものすごく高く燃え上がるのです。NOの場合は、炎は普通のままでした。それを見た嫁が「もしかしたら、仏様からのお告げを受け取る力があるんじゃない?」と言ってくれたことが、この力を仕事にしようかと考えるきっかけになりました。

その後、嫁が紙の裏に名前を書いて、それを目隠しした私が手にしては、どんな名前が書いてあるかを当てるということをずっと続けてきました。そこから、こうした力は人のために生かしたほうがいいのではないかということで、嫁が「占い師をしたら？」と言ってくれたのです。

ただ、占い師として仕事をするのが少し気恥ずかしかったことと、もともと私はマッサージが大好きだったことから、嫁が「じゃあ、整体師の資格を取ればいいんじゃない」と言ってくれて、整体師の学校に通わせてくれました。そこで資格を取って、最初は整体をしていたのです。「和歌山で一番の整体師になるんや」と、ずっと整体をしていたのですが、その合間に占いをやっていました。最初は無料でやっていたのですが、だんだんと整体のお客さまではなく、占いのほうにお客さまが集まるようになっていきました。

そこで、もしかしたら、占いを本格的に仕事にできるのではないかということで有料で始めたのです。その時に、ある先生との出会いがあり、そこから私はスピリチュアルのイロハ、いろいろな儀式、滝行などを何年もかけて学ばせていただきました。ある程度学び終えると、その時にはもう霊視などいろいろなことができるようになっていたので、本格的にスピリチュアル・ミーディアムとして仕事を始めることができたのです。

◆身のまわりで起きた不思議な出来事

旅館業を廃業することになり、建物を解体する時には、何もさわりがないようにとお祓いをしました。その時に旅館の部屋の一室を見ると、天井が人間の手形で埋め尽くされていました。言うだけなら嘘だと思われるので、「ちょっと来てくれ」と家族を呼んで天井を見せたら、みんな言葉を失っていました。旅館というのはたくさんの人が出入りする場所なので、こういう現象はいろいろあったのです。

ほかに、誰もいないのに階段を上り下りする音がしたり、誰もいないのに上でトントン音がしたり。ひどかったのは、旅館の一室でカウンセリングしていた時のこと。お客さまと会話していたら、ピアノの音がしてきました。仕事の邪魔をされるのが大嫌いなので、子どもたちにも「お客さまがいらっしゃる時にピアノは弾かないように」と言っていたのに、ピアノを弾いてはけらけら笑う声がするのです。お客さまにもそれが聞こえていて、「本当に申し訳ありません」と言ったら「いいじゃないですか。お元気そうで」と言ってくださっていたのです。

それでも腹が立って仕方なかったので、カウンセリングが終わってからピアノがある部屋に「こら！」と怒鳴り込んで行ったら、誰もいないのです。不思議に思って嫁に電話したら「え、何言っているの？　みんなでずっと外にいたよ」と言われたのでした。

◆家族がいたから「どん底」から這い上がれた

はじめは和歌山だけでカウンセリングセッションをしていたのですが、それが2カ月、3カ月の予約待ちになり、最終的に4カ月先まで予約が取れない状況になりました。これは大変ありがたいことでしたが、私の中では、和歌山の地で個人カウンセリングだけをし続けるつもりはありませんでした。いつかは東京に出て行きたいという夢ができたのです。そう思っているうちに東京に知り合いができ、その方に背中を押していただいて、2019年7月に和歌山から東京へと進出することになりました。

東京に出たいと思ったのは、嫁のために有名になりたかったからです。もともと嫁は福祉の資格を持っていて、障がいを持つ子どもたちの施設で働いていました。彼女の夢は「ゆくゆくは親のいない子どもや障がい者が集える施設を和歌山につくりたい」というものでした。さらに「和歌山の人たちだけでなく、全国で悩んでいる人たちを受け入れたい」という思いもありました。

そこで私がまず有名になって広告塔になれば、嫁がつくりたいと思っている施設の役に立てるかもしれない。東京で活躍して有名になり、今度は私が嫁の夢を叶えるための力になれたらという考えもあったのです。

正直に申し上げますと、結婚してしばらくの間、私は借金まみれでお金がなく、車にガソリンを入れるお金もありませんでした。そこで休みの日は嫁がピアノを弾いてくれて、家族みんなで合唱して楽しんでいたのです。月に一度1000円くらいの楽譜を買って、みんなでそれを歌うのが楽しみで、いつもみんなで歌っていました。振り返ってみると本当にさまざまな経験をさせてもらい、いろいろな下積みをしてきたことが、大きな精神修養になったという感覚があります。

今でこそ食べたいものを食べられて、欲しいものを買えますが、当時はお菓子一つ買えず、ものすごく辛いと思う日々もありました。その分、家族がいる幸せや、お金がなくても楽しめる心の栄養を得ることができました。そうやって家族やお金のありがたさを心底知ることができたのは、本当にいい経験でした。

私自身、借金の悩みが大きかったので、カウンセリングでもお金の悩みがある人には強いということがあります。実際に自分も経験してきたので、すごくよくわかるのです。そうしたことも、今となってはありがたいことだと思っています。

◆台風で家がボロボロ、でもお稲荷さんは無傷

自宅にお稲荷さんを祀ったのは、平成28年（２０１６）でした。この年に旅館を壊して更地にし、新しく建物を建てたのです。それが出来上がったタイミングで、平成29年（２０１７）にお稲荷さんを新しく祀りました。

私の人生はこれまでも波瀾万丈でしたが、さらに平成30年（２０１８）にはさまざまな出来事が起こりました。この年の9月、近畿地方を台風21号が通過しました。私が住む和歌山県にも強い勢力を持ったまま上陸しました。瞬間風速57・4メートル。統計開始以来、最高速度を記録しました。

海に面して建てられている稲荷大社。

この台風により、多くの家屋、また工業団地が浸水による高潮被害に遭いました。重軽傷者は23人。県内全域で停電が発生し、道路、鉄道、交通機関にも大きな影響が出ました。

目の前に海が広がる我が家も、当然ですが甚大な被害をこうむりました。車は流され、窓ガラスはめちゃくちゃに割れ、大きな石が家の中まで流れ込んできました。台風が過ぎ去った後に見た光景は、まるで日本が一度沈没して水が全部引いた後なのかと勘違いしてしまうほどだったのです。

我が家の被害総額は数百万円。これからの片付けとお金の支払いに、絶望的な気持ちになりました。けれど、話はこれで終わりませんでした。なんと、海に面して建てられていたお稲荷さんだけが、まったく被害を受けていなかったのです。鳥居もお社も無事でした。周囲には大きな石が転がり、駐車場は高潮で流されてきた砂でビーチのようになっていました。目の前の道は浸水して海のようになっていました。それにもかかわらず、お稲荷さんだけはたった今建立したかのように傷一つなく、光り輝いてその場にあったのです。

その光景は、まさに神のなせる業でした。周囲には台風の大きな爪痕が残されているのに、天をあおぐと台風一過の青空が広がっていました。この経験から、私は大きな悟りを得ました。それは、「人間は生かされた存在である」ということです。

自然の威力をもってすれば、人間の命を奪うことは簡単なこと。それでも無事に、今日という一日を生きることができる。だからこそ、人間は畏怖の念を忘れず、謙虚に生きることが何よりも大事なのです。私たち一人ひとりは、宇宙の意識によってこの世に生まれ、過去でも未来でもない今、この瞬間に存在している。その奇跡に気づくと、感謝の気持ちが湧いてきます。

私たちは、それぞれに命を受けたこと自体が、あり得ない奇跡であることを忘れてはなりません。このように少しだけ視点が変わると、幸せを感じながら毎日を生きられるようになります。それがこれからお伝えしていく「ハッピーチェンジの法則」の基盤となるので、ぜひ皆さんの心の中に留めておいてもらえたらと思います。

◆人は自分のためだけには生きられない

スピリチュアル・ミーディアムとしてこのように活動できるようになったのも、嫁がいてくれたから。これはずっと思っていることです。実は占いの仕事をすることに対して、最初は身内から大反対されました。「占いなんかで飯が食えるはずがない」という強い向かい風があったのですが、どんなことを言われても、嫁は絶対に私を責めませんでした。

結婚してからしばらくはまったく収入がなかったので、まずは「月15万円稼いだら、なんでも言うこと聞いたる」と嫁に言われました。当時は10万円すら稼げなかったので、まずはそれを目標にしました。

その後に整体を始めて、占いのお客さまも増えて、いろいろと学ばせていただくうちに月15万円は超えることができました。すると次は「月30万円超えたら、なんでも言うこと聞いたる」と言われ、その次は30万円を超えたら、その次は50万円、というように、嫁がうまいこと私を転がしてくれたのです。

目標を達成するごとに、ちゃんとほしいものをご褒美としてくれました。こうやって収入を上げていき、ついには、占い一本で家族全員の生活をみることができるようになったのです。

そのうちに、先ほど申し上げたような「東京に行きたい」という気持ちが少しずつ出始めました。この時も嫁は私の思いを理解してついて来てくれました。嫁にとってしんどいことはものすごく多かったはずですし、今もいろいろあるとは思いますが、私がやりたいことは絶対に否定せず、受け入れてくれるのです。

うちは子どもが4人いるのですが、そういうことも全部受け止めて、それでも私の東京行きの背中を押してくれた。そんな嫁がいてくれたからこそ、今の私があるのだと思っています。

嫁が私と結婚する時に言ってくれた言葉があります。

「私が日本一のあげまんになる。私の人生をあなたにかける。私には夢がいっぱいあるけれど、あなたが成功しないと私は夢をつかめないから」。そう言って自分の仕事を辞めて、私の人生にかけてくれたのです。そして今もそのスタンスを変えずにいてくれることに、本当に感謝しています。

◆人生には乗り越えられる試練だけがやってくる

台風に見舞われて家屋には甚大な被害があったものの、お稲荷さんだけは無傷ですんだ平成30年（2018）の翌年、念願の東京進出を果たしました。そこからラジオやYouTubeなどにも出させていただき、テレビ局のプロデューサーさんともお話しする機会があるなど、東京に出たからこそできるようになったことは、たくさんあります。この本を出版するというのも、その一つです。のんびりした和歌山から東京に進出することで、辛いことはありましたが、それ以上にたくさんの良いこともありました。

また、東京には心の悩みを抱えていたり、精神的に病んでいる人が多いと感じています。そういった方々の助けになりたい。しかし、対人カウンセリングをいくらやっても、世の中の人たちすべてを鑑定し、その方々が幸せに生きられるような言葉をお伝えすることはできません。そこで、こうした本という媒体を通して、一人でも多くの人たちに幸せに生きるための方法をお伝えしていきたいと思っています。


私が行っているスピリチュアルカウンセリングは、スピリチュアル・ミーディアムとして、この世にはいない存在からクライアントさんに必要なメッセージを伝えたり、霊視、霊聴、さらには守護霊やご先祖様との対話などをしたりして行っています。姓名判断や四柱推命、タロット、マヤ暦などのように何か基盤があってその流れを話すのではなく、その人の後ろについている霊から話を聞いて、カウンセリングを進めていくことがほとんどです。

東京に出てきてすぐの頃は仕事がなかったので、町なかで声をかけていました。歩いている人を霊視してみえたことをもとに、「すみません。こういうことで悩んでいますよね」と話しかけていたのです。

今となっては笑い話ですが、当時はなんとか東京で仕事をしていかなくてはと必死でした。けれど、その時は煙たがられたり、怖がられたりしてしまったのです。これではだめだと思い、次はカフェにいる人の横に座って「こういうことで悩んでいますよね」と言ってみたのです。私は生粋の関西人なので、そうすることで仲良くなれると思っていたのですが、そうではなかったことに驚きました。

「どこからついてきたんですか？」「どこで私を知ったんですか？」「ストーカーみたいで怖いので警察に連絡します」などと言われてしまったのです。

和歌山では基本的に口コミだけで広がっていったので、集客ということをまったく考えずにきていました。そのため、東京に出てきた時には、集客のやり方に一番悩んだのです。町なかの人たちに声をかけてみて、これではだめだとわかってからは、企業を訪問しました。スピリチュアル・ミーディアムの私を知ってもらうことと、占い師としてその会社と契約してもらうためでした。週6日はずっと企業巡りをしていました。１社ずつ足を使ってまわったのです。

その中で99％の企業で言われた言葉が３つありました。一つは「メディアに出ていますか？」、二つめが「本を出していますか？」、三つめが「実績はありますか？」。和歌山での実績はどうでもいいから、東京での実績を教えろ、というのです。「この二つがあるなら、話を聞きますよ」ということで、ほとんどの会社から門前払いを食らいました。

和歌山の場合、知らない会社でもその場に行って「こんにちは。社長、いらっしゃいますか？」「はい、おりますよ。どうぞ」という感じですぐに社長に会えます。けれど、東京はそうではなく、社長に会うまでのセキュリティがものすごくしっかりしているということを思い知らされました。

200社くらいまわった時に、ある会社の人事の方が部屋に招き入れてくれました。そして「田井くん、もしかしたら、こんなことをずっとしているの？」と言われたのです。「こんなことしていたら、東京では潰されるよ。人間、みんな冷たいから」と言われて、「異業種交流会というのを知っているかい。ネットで調べて、そこに行ってみたらどうだい？」と教えてくださいました。そこから一日3〜5回くらい交流会に参加しました。そうした中で、出会いが少しずつ広がっていき、今の私があるという感じなのです。

私は恵まれているなと思うのは、東京に出て本当に右も左もわからない状況でしたが、やはり助け舟があったということ。今振り返るとこうしたことはすべて、ものすごくいい人生経験になっています。

なぜなら、今、町なかの人に声をかけてみろとか、カフェで隣の人に声をかけてみろと言われたら、やはり躊躇します（笑）。今、異業種交流会に朝から三つも五つも参加しろと言われてもカウンセリングの仕事があるので、そういう時間はもう取れません。そう考えると、あの時のあのタイミングでの経験は、私にとってはすごい財産になっているなと思うのです。

◆クライアントさんから見えること

私のカウンセリングでは、目に見えない存在とコンタクトを取って、メッセージを伝えることが多いのですが、いらっしゃる方々すべてにメッセージがあるかというと、そうではありません。霊からのメッセージが強い人、弱い人というのがあるからです。

メッセージが強い人には、最初に座ってもらった段階で、まずこちらからお話をします。スピリチュアル・ミーディアムの手法の一つであるシッティングという形で、基本的に何も情報を得ない形でこちらからお話をします。強いメッセージが来ている時には、目の前にお座りいただいた時点で、「このように言っていますよ。あなたは今こういう状況だから、こう悩んでいるのですね」などとお話をしていきます。

一方、カウンセリングに来てくださっても、後ろのご先祖様たちが「何も答えないでほしい」という場合もあります。「この子は自分に甘いから、答えちゃだめ」と言われることもあるのです。その場合は霊視という形でオーラをみて、「これからこうなっていきますよ」というようなお話をしていくようにしています。

クライアントさんのオーラをみるのはオンラインでもできるので、Zoomでのカウンセリングも行っていますが、基本的には対面をおすすめしています。もちろん、オンラインでもその人の後ろについてる霊からのメッセージは聞こえるのですが、何か一歩踏み込んだことをお伝えする場合には、実際にお会いしてお話を伺ったほうが、お伝えする内容に深みが出るからです。


クライアントさんには、本当にいろいろな方がいらっしゃいます。和歌山の場合は女性が多いのですが、東京の場合は男女半々です。ものすごくシビアな状況の中で「もう、どうしていいかわからなくて」と訪ねてくださる方もいれば、「なんとなくいいって聞いたので」という方もいらっしゃいます。

なかには「みえるんだろ？」と、何もしゃべらないから当ててみろ、という人もいます。

このような試す気持ちがあると頭の上に雲がかかったようになり、後ろの人の言葉をもらいづらくなります。私のセッションは決して安い金額ではありません。ですから、できるだけその時間内でその方に必要なことを一つ残らずお伝えしたい思いでクライアントさんと向き合っています。ご自身のお金や時間を無駄にしないためにも、セッションの際には「私に必要な言葉をください」という素直な気持ちでいらっしゃるほうが、その時に必要な言葉を十分に受け取って帰っていただくことができます。

また、カウンセリングにいらっしゃる方々の多くは「そうです。なんでそんなにわかるんですか？」と、カウンセリングの入口として、「当てる」ことを望まれます。けれど私はそこを重要視しているわけではありません。その人にとって本当に必要なことを伝えるという部分に、使命を感じているからです。そのため、人それぞれで満足度は違うと思いますが、一人ひとりに寄り添って誠心誠意のカウンセリングをやらせていただいています。

第２章

すべてお見通し⁉
驚愕のセッション体験談

◆ご先祖様からのねぎらいに肩の荷が下りた（40代・女性）

セッション当日、対面で席に着いた瞬間、「離婚できてよかったですね。『大変だったね。頑張ったね』と後ろの方がおっしゃっています」と言われました。これを聞いた瞬間、涙があふれました。

元夫のモラルハラスメントが原因で、当時まだ1歳だった娘を連れて逃げ出したのは2012年8月31日のこと。そこから警察、弁護士、区役所の女性相談員、家族や友人たちからのサポートを受け、2013年になんとか調停離婚が成立。

その後も「ああするしかなかった。あれでよかった」と思いながらも、どこかで自分を責めていたのだと思います。「もっといいやり方があったのではないか。私も悪かったのではないか」と。

けれど、田井さんからの一言で「ああ、全部あれでよかったのだ」と肩の荷が下りた感じがしました。

その後すぐ「Mさん……？　M子さん……？　女性の名前を言っているのですが。『この人に救われたね』って言っています」と言われ、またまたびっくり！　3年ほど前から本格的に学び始めた心理学やヒーリングの師匠が、ちょうどM子さんという女性だったからです。

離婚した時に私は内面的に崩壊し、そこからどうにか自分自身を立て直してきたものの、どこかに不安や恐れやむなしさが残り、現実がうまくいかない感覚がありました。なぜ、そうしたことが起こるのか、それを止めるにはどうしたらいいのか。そうしたことを心の仕組みやエネルギーレベルの事柄を通じて教えてくれたのがM子さんだったのです。まさに、私はM子さんに救ってもらっていたのでした。

また、「M子さんとは前世でも縁があり、前世では二人ともヒーリングの仕事をしていたようです」と言われて、またまたびっくり!!

なぜなら、2年前からM子さんが主宰するヒーリングスクールに通っており、ゆくゆくはヒーリングやカウンセリングなどを自分の仕事として行っていきたいと考えていたからです。

それを田井さんに伝えると「今やっている仕事は続けながら、緩やかにそららに移行していかれるようです。50歳に入ってから、運気の波が好転します。そこからは少しずつヒーリングや心理学の仕事がメインになっていくでしょう。『そのためにも今の学びは続けなさい』と後ろの人も言われています」

すごい！　実は2年間スクールに通い、今後をどうしようかと迷っていたのですが、こうした学びを続けるという決意ができました。

この時私の後ろについていてくださった方は、ご自身も心理学を学ばれてきた男性とのこと。さまざまな存在に守られて、今の私はあるのだなと感じました。

この日のセッションではブレスレットもお願いしていたのですが、事前にZoomでお会いしていた時に私のオーラを読み取ってくださっていて、「エネルギーが弱いので、その補給のために」と、ラピスラズリと水晶のブレスレットをつくってきてくださっていました。

ラピスラズリの深い青はもともと大好きな色。さらにサイズもこれ以上ないくらいにぴったりで感激しました。

運気の流れを教えてもらい、自分がたどってきた道は間違っていなかったということがわかり、自分自身への信頼が増すようなセッションでした。ヒーリングやカウンセリングの学びも、これからまたさらに深めていきたいと思っています。ありがとうございました。

◆さっそく引っ越しの準備をしています！（40代・女性）

席に着いて名前を伝えて、田井先生からいただいた第一声。

「Iさんは自分の意思をもっと伝えられるようになりなさいと、言われています」

「よろしくお願いします」しかまだ言っていないのに、自分の思いや意見が言えないこと、しっかり見抜かれていました。

これには私の前世が関連していたようで「前世では旦那さんに尽くしてばかりで、自分の好きなことをまったくしてこない人だったようです。いつも旦那さんの顔色ばかりうかがっていたので、今世でも人の顔色を見ていますよね」と言われました。

はい。おっしゃるとおり。本当にみえているのだなと思っていたら、次のようなアドバイスをいただきました。

「自分の意思を、胸に秘めないでちゃんと言葉にして、相手に伝えられるようになりなさいと、後ろの人がものすごく言われています。それが2021年の課題だそうですよ」

そこでセッションの後、大事に温めていた自分の企画について意を決して上司に伝えたところ「OK。やってみて」とのお返事をいただきました。さあ、これから、新しいチャレンジが始まります。頑張りたい気持ちがモリモリ湧いてきています！

また、結婚に対して積極的になれないのも、旦那さんに尽くしてばかりだった前世が関連していると教えてもらいました。結婚に対するモヤモヤした気持ちがなんなのかずっとわからずにいましたが、前世の自分が感じていたことだったとわかると、ちょっと気が楽になりました。

後ろの方も「自由に生きたらいいんだぞ～」と言ってくださっているとのこと。今後も恋愛や結婚のチャンスはあるというお話もいただけたので焦らずに、まずはしっかりと仕事にまい進していきたいと思っています。

もう一つ田井先生に教えていただいた大切なことは、住む場所のことでした。私は他県から東京都新宿区にある会社に通っています。通勤に時間がかかるため、仕事が遅くなると帰宅するのが24時を過ぎることもあり、職場の近くに引っ越したいとつねづね思っていたからです。

それを伝えたところ、田井先生曰く

「都心のガヤガヤした環境は合わないです。頭痛が止まらなくなるんですよ」

都内だと、よほど洗練された場所でないと難しいとのことで、どうしようかと相談させていただいていると、突然こうおっしゃったのです。

「……K市ってどこにあるんですか？　後ろの人がK市って言うんですけど」

ひえー!!　田井先生は和歌山県のご出身で、東京の土地勘はないのにマイナーなK市の名前が出てくるとは。これは後ろの人が言っているのに間違いないと納得しました。

「K市、Iさんにとってすごい癒しの場になりますよ～」

こういわれたら、K市に行くしかありません！　さっそくK市の物件を探しているところです。と同時にK市の名所を探してみたところ、自分好みの施設を見つけられたりして、今からもうウキウキ気分。新生活がとても楽しいものになりそうです。お引っ越し先に迷われている方にも、田井先生のカウンセリングはおすすめですよ。K市に引っ越してよいことがあったとご報告できるよう、頑張っていきたいと思います。

◆仕事より恋愛優先で頑張ります！（40代・女性）

セッションルームで椅子に座るといきなり「変化の時期です」と言われました。実際にその月で会社を辞める予定だったので、その通りでびっくりしました。

また、「今はオーラがとても疲れていて気力がなく、波動が下がっているので、この状態で仕事を探しても、いい仕事は見つからないと思います。2カ月くらいかけて気力を充実させ、元気になってから仕事を探すといいですよ」とも言われました。どうやら私にとっては、しっかり休息をとることが大切だったようです。

悩みとしては仕事、恋愛、プライベートといろいろありましたが、「まずは恋愛を充実させてください。そうするとほかにもよい影響が出ますよ」と背中を押していただいたので、これからは仕事よりもパートナーとの時間を優先させていきたいと思っています。今後の指針を明確にいただけたので、気持ちが安定しました。ありがとうございました。

◆人生のターニングポイントに聞いた貴重な教え（50代・女性）

まず、椅子に座るなり、「去年、今年がターニングポイントです」と伝えられ、なんとなく自分の中で感じていたざわざわする気持ちに杭を打たれたような気がしました。

しかし、そのあとは耳の痛いことをいろいろと……。もっと自分のことを考え、健康面にも気をつけるように、と。

実はここ最近、健康面でも少し心配な部分も出てきて、さらに忙しさにかまけて、環境を整える、ということがおろそかになっていました。そのことをばっちりと指摘され、現実的なご先祖様からのメッセージを、ありがたく拝聴いたしました。

さらに、仕事、人生について伺うと、これからは量をこなすのではなく、一つ一つの仕事の質を高める方向で頑張っていくこと。そうすれば、よい仕事が入ってきて、経済的にも苦労なく、人生全体の質も高まるということでした。これからますます、よい仕事に恵まれるということも伺い、安心して仕事にまい進できる、とやる気スイッチが入りました。

もちろん、自分自身の生活の質を高めるということは、必須なのですが……。

興味深かったのは、愛犬のことです。我が家には、オーストラリアン・ラブラドゥードルという犬種の犬がいます。田井さんにその子の写真をお見せすると、じっと見つめ、

「この子は、ご家族とたいへんご縁があって来たようですね。特にお母さんとのご縁が深いです」とおっしゃいました。

実は、その子を我が家に連れて帰る途中、アクシデントがあって逃げてしまったのです。統計によると、中型犬は逃げてしまうと一番見つかりにくいのだそうですが、翌日不思議なご縁で奇跡的に見つかったのも、その深いご縁のおかげだったのかもしれません。非常に賢く、霊性の高い子だそうで、前世は虐待を受けていたけれど、今生では、愛を学ぶために我が家に来たということでした。

いろいろとお話を伺っている時にはなんとも思わなかったのですが、何も話していないのに、弟がいることなど、普通にわかってお話しされていた、ということをあとで気づいて、その「力」に改めて驚かされました。

人生の岐路に立たされた時など、本当に貴重なアドバイスがいただける方だと思います。

◆誰にも話せなかったことがすっきり解決した（30代・女性）

今回の田井さんのカウンセリングは私にとって生まれて初めての本格的なカウンセリングでした。

誕生日についてはお知らせしていましたが、ほかにも何かパーソナルな質問があるのかと思い、当日はやや緊張しながらセッションルームに伺いました。

ところがそんな緊張をよそに、挨拶をして席につくとすぐ鑑定が始まりました。私はひと言も発することなく、田井さんが話されることをただ聞いていました。田井さんは私の後ろにいる誰かから話を聞いて、それを私に伝えてくださっているようでした。

まず驚いたのは、何もお話ししていないのに、私に娘がいることを言い当てたことです。

「え、なんでわかるの?」と内心びっくりしているうちに、今度は私の前世についてお話ししてくださいました。

実は、私には普段の生活の中で時折ふっと頭をかすめるある願望がありました。それは今現在、すでに叶ってはいるのですが、なぜそうしたことがたびたび頭をかすめるのか、不思議だったのです。

けれど、田井さんに私の前世のお話をうかがって、納得しました。「過去にそういうことがあったから、こうした願望が何度も頭に浮かんでいたのか」と。これだけでなく、その願望に対する対処法も具体的に教えていただきました。

ところが不思議なことに、あれだけよく頭をかすめていた願望がカウンセリング後はまったく頭に浮かんでこなくなったのです。これには自分でもとても驚いています。この願望は今まで誰にも話してこなかったことなので、とてもすっきりしました。ありがとうございます。

さらに、現在の人生のテーマまでお話ししていただき、これから自分がどのように生きていけばよいのか、その方向性が見出せたように感じています。与えられたこの人生を大切に過ごしていきたいと思っています。

また、私自身のことだけでなく、娘のことについても詳しくみていただくことができ、これまで悩んでいた場所に一筋の光が降りたように感じました。

田井さんに教えていただいたことは、今後に生かせることばかりでしたのでとてもよかったです。魂が喜ぶような、あっという間の1時間。このタイミングでセッションを受けることができて本当によかったです。

◆想像を遥かに超えるカウンセリングでした！（40代・男性）

これまでの人生で、占ってもらったり、スピリチュアルなカウンセリングを受けたりしたことは、一度もありませんでした。友人に相談するならまだしも、そのような場所で話を聞いていただくことにも、かなり抵抗がありました。

私自身は、占いやスピリチュアルなどは、まったく信用もしていませんでした。しかし、夫婦に関する問題と仕事に関する悩みで行き詰まり、友人から紹介されて、田井先生のカウンセリングを受けることにしました。

そのカウンセリングは、私の想像を遥かに超えていました。

まず私が座るなり、私しか知り得ないこと、身内でも数人しか知らないことを、田井先生は話し始めたのです。さらにはカウンセリングに行く前、たった1時間以内に起きた出来事の話までされました。

これには心底驚かされ、もう何が何やらわけもわからず、ただただ「すごい！」としか言えませんでした……。

この方は本物だと、出会って数分で確信しました。


田井先生が素晴らしいのは、いろいろなことが視えるというのはもちろんのこと、こちらの相談に対して、的確なアドバイスをくださることです。

夫婦間については、離婚するかどうかというところまで問題がこじれ、セックスレスでもありました。

ところがアドバイスをいただき、自分なりに行動した結果——現在は、夫婦問題は解決し、信じられないほどに妻との関係性は良好になりました。妻に対する私自身の言動にもかなりの原因があり、それを先生に教えていただき、気づかせていただいたからこその結果です。


また、仕事については転職を考えていたのですが、その悩みに対しても的確なアドバイスをいただきました。転職の時期や私に向く職種などを事細かく教えていただき、その通りに実行しました。

お陰様で、転職した先では人間関係が非常に良好で、将来に対する不安もなくなりました。現在は、幸せで幸せで、本当にありがたいことです。

先生との出会いがなければ、今の私はまずあり得ません。

本当にありがとうございました。

第3章

誰でも心にココロニー（心の安住地）を持っている

◆心に「ココロニー（心の安住地）」を持ちなさい

コロナで振り回された2020年は、芸能人の自殺が続き、かなり話題となりました。俳優の三浦春馬さん、竹内結子さんをはじめ、多くの方々が命を落としました。テレビ番組の中でそうした訃報のテロップが流れるのを見て、ため息をついた方も多いのではないでしょうか。

それぞれ心に深刻な悩みを抱えていたと思われますが、私は新型コロナウイルスの蔓延も影響していたと思います。先の見えない自粛の嵐……。健康の不安や経済的な問題で、心はどんどん疲弊していきます。こんな時、真面目な人、優しい人、繊細な人ほど、孤独感にさいなまれてしまいます。「誰にも相談できない」「自分一人で解決しなくては」。そう思えば思うほど、袋小路に追い詰められていきます。

こんな時、皆さんはどうされていますか？　ここでちょっと目をつぶって、今の自分が置かれている状況を想像してみてください。暗い部屋の中に閉じ込められているようなイメージです。不安で、孤独で、寂しいかもしれません。

ですが、たった一歩でいいので前へ進んでみてください。そして、壁だと思っていたところにドアがあると想像してみてください。そのドアを開けてみましょう。すると、広くて気持ちの良い野原に出ます。その野原は安心・安全な場所で、あなたを傷つけるような人も、出来事も存在しません。どんなに不幸な状態に陥っているとしても、想像の翼が私たちを安心・安全な場所へと運んでくれます。

この広々とした野原が、あなたにとっての「心の安住地」です。私はこの場所を「心のココロニー」つまり「ココロニー」と呼んでいます。ココロニーは誰の心の中にも存在します。もちろん、必ずしも野原でなくてかまいません。大海原でも、青い空でも、緑豊かな山の中でも、あなたがずっとここにいたいと思えるような「心の安住地」を自分のためにつくってください。

実際に、そういう場所や時間を現実の中につくっておくのもおすすめです。たとえば、レトロな雰囲気で静かな喫茶店、マスターが素敵な人柄のバー、地域の図書館など、ここに行くとホッとして素の自分に戻れるという場所があれば、自分にとってのリアルなココロニーはその場所ということになります。もしくは、編み物やパッチワーク、模型づくり、読書、DVD鑑賞など、時間を忘れて取り組める趣味などをする時間が、あなたにとってのココロニーとなる場合もあるでしょう。

そうしたココロニーは、あなたの心を満たし、疲弊した心が充電できる場所ということ。そうやって自分の心を喜ばせてあげたら、自然と人は満足したり、笑顔になれたり、また明日から頑張ろうと思えたりするものです。そんな心持ちになれてはじめて、自分にも他人にも優しくなれると思うのです。

心が悲鳴をあげそうになったら自分のココロニーに逃げ込み、あなたのキズをあなた自身が癒してあげてください。元気を取り戻し、しなやかな心でもう一度問題に取り組んでみたら、必ずよい解決策が見つかります。落ち込んだ気持ちも癒され、ポジティブなエネルギーで満たされていきます。先が見えにくい時代だからこそ、一人ひとりがココロニーを持ち、明るい気持ちで生きてほしいと願っています。

◆ココロ視点を変えれば一瞬で悩みは消える

スピリチュアルカウンセリングの仕事を通じて、日々多くのクライアントさんのお話を伺っていますが、皆さんのお悩みの大半は「目に見える悩み」なのです。「いつ結婚できますか」「仕事は続きますか」「収入は安定しますか」「この事業は成功しますか」など、目に見えることで悩んでおられる方が9割です。

この場合、心の視点を変えれば、皆さんが抱えている悩みは一瞬で消えます。スピリチュアル・ミーディアムとしての私の原点でもあり、この本を通して皆さんに一番お伝えしたいのも、この心の視点についてです。

心の視点、つまりココロ視点を変えて幸せになっていくために、まずは自分の足元からみていかなくてはなりません。たとえば、五体満足で生活ができ、毎日ご飯を食べることができ、普通に人とお話しできるなど、あまりに当たり前すぎて、こういうことに対して何も感じない人がいるかもしれません。けれど、こうしたことは当たり前ではないのです。今のココロ視点を少し広げてみると、世の中には生まれた時から手足がない人もいれば、後天的に視覚や聴覚を失った人もいます。また、寝たきりで目だけで会話し、ずっと病院で暮らしている人たちもいます。

そういうことに気づいていくと、今のあなたは五体満足で、雨露しのげる家があって、行きたいところに行かれる足があって、本を読んで理解できる目や脳がある。こうしたことが、どれだけ幸せなことかがわかるでしょう。

なかにはいろいろな事柄に追い立てられて、戦々恐々と日々を送っている人たちもいるでしょう。私の話に、「そんなきれいごとを言っても……」という気持ちになる人もいると思います。それでも今一度、振り返ってみてください。自分のことは棚に上げて、不平不満ばかり言っていませんか？　こういうことを続けていたら、一生幸せになることはできないのです。

でも、もうそんなの嫌じゃないですか？　だったら、まずはココロ視点を変えてみませんか？　ゆっくりと深呼吸しながら、まずは今日の朝目覚められたこと、今、目が見えていること、手足が動くこと、ものが食べられることなどに意識を向けてみてください。そして、これらが当たり前ではないことに気づいてください。

寝ている間も心臓は勝手に動いてくれて、胃は消化作業を進めてくれています。こういうことを自然とできる体を持っていることすら、恵まれているということをご存じですか？　世の中にはお金を払って歩けるようにしてもらっている人もあれば、心臓に何百万もするペースメーカーを入れて生活している人もいます。お金をかけて、人からの助けを得て、ようやく五体満足な人と同じような生活ができている人というのも、世の中にはたくさんいるということを知ってください。

◆自分のことがわからない……ココロ視点の在り方に迷う人

こういうことに意識を向けず、多くの人が外側に求めてばかりいます。たとえば失恋して苦しんでいる方がいるとしましょう。私のお客様にもいらっしゃいますが、「彼と一緒にいられないのなら、もう死のう」というところまで気持ちがいってしまう方もいます。そういう方々にいつも伝えているのは、「失恋というのはいい人に出会うためのチャンスなんですよ。いい人と出会うために、その人とはご縁がなかったわけですから」ということ。

失恋すると、「あの人と一緒にいられなくなってしまった私はかわいそう」「私をこんな目にあわせたあの人を許さない」などというココロ視点になりがちですが、これを少し変えてみたらいかがでしょうか。「好きな人ができたことに感謝」「その相手も（一時）自分を好きになってくれたことに感謝」「良い思い出をつくれたことに感謝」「私がさらに良い人と出会うために、目の前から去ってくれたことに感謝」

こんなふうに視点を変えてみたら、いつまでも恨んだり悲しんだりしている時間がもったいないと思いませんか？　好きな人とのお別れはたしかに悲しいことではあります。けれど、いつまでもそれを引きずっているのは時間の無駄です。あなたの可愛らしさや美しさや優しさを必要としている、次の人と出会うために一歩ずつ前進してみませんか？

カウンセリングのお客様の中で、多くの方々が「自分のことがよくわからないのです」とおっしゃいます。そういう時、今の自分自身を見るために一番良い方法としてお伝えしていることがあります。ものすごく簡単なことなのですが、それは今自分が一緒につき合っている人たちを見てみることです。

まわりの人たちを見た時に、自分が嫌だなと思う人の言動がありますよね？　それは自分にも同じところがあるということ。自分の中にもある一部分をその人の中に見て、「あの人のああいうところが嫌！」と反応しているだけなのです。つまり、あなたにとって嫌だなと思う人は、「あなたの中にもこういうところがあるから見直してくださいね」と伝えてくれている人というわけです。

こういうことすら感謝の気持ちで捉えることができず、すぐに「もう、あの人嫌い！」「あんなこと言うなんて最低！」などと言って、関係性を切ってしまう人が多いのですが、そうやって魂が成長するチャンスを自ら投げ出してしまっているのです。私たちの魂は少しでも成長するためにこの地球にやってきているのですから、これはものすごくもったいないことです。

そうやって相手から見せられる嫌な部分というのは「あなたの中にもあるから、変わりなさい」という神様からのメッセージです。ですから、出会う人たちはみんな自分の先生だと思ってください。ネガティブな感情が湧く相手ほど、あなた自身が得られるものは多いのですから、ぜひそうした課題に取り組みながら、ご自身の魂を磨いていってほしいと思います。

◆目の前にあるトラブルはあなたに必要な魂の課題

人が変われる瞬間というのは、三つあります。病気になるか、事故に遭うか、誰かが死ぬか。そうした切羽詰まった状況にならないと、人間というのは自分がどんなふうにして生きてきたかがわからないのです。重大な出来事があってから気づいて、私の元に相談に来られる方が多いのですが、そうなってからでは遅いのです。

切羽詰まった状況になると、最初はみんな人間に頼ります。医者、弁護士、警察、セラピスト、ヒーラーなど、その分野の専門家に頼るのです。けれど、そこで解決しないとなると、「人間に頼っても結果が出ないから、神様どうかお願いします」という神頼みになるわけです。その気持ちもわかりますし、神頼みがいけないというわけではありませんが、日頃から物事に感謝できない人が、自分が困った時だけ神様に頼ろうとしても、果たして神様は願いを聞いてくれるでしょうか。

カウンセリングにいらっしゃる方々には、「今、あなたが悩みだと思っていることは、実は悩みではないのです。ただ、魂への課題が与えられているだけですよ。その課題をどうやって解くか。そのチャンスを神様から与えられているのですよ」とお伝えしています。多くの方々がそうした課題をご自身でどんどん複雑化して、余計難しくしてしまうので、感謝と謙虚さを持ちながらシンプルに向き合ってほしいのです。そうしたほうが、幸せへの道がスムーズに開けていきます。

◆世の中には悩みを1にする人と100にする人がいる

悩みというのは魂の課題です。そして、私たちはそれをクリアするためのチャンスを与えられています。ただ、この課題を解決する際の難しさを1にしているか、100にしているかはその人次第です。カウンセリングでもよく「仕事でも恋愛でも人間関係でも、あなたに越えられない悩みはやってきません」とお伝えしています。今目の前にある悩み事は、その人が越えられるようになったからこそ浮上してきたわけです。

たとえば、「彼が浮気をしているかもしれない」という悩みを持っている女性がいるとしましょう。この悩みをどんどんこじらせて解決までの難しさを100まで深めてしまう人と、その問題の本質にだけ取り組んで1くらいの深さにとどめながら解決の道を探る人といます。両者の違いは何かというと、これまでの人生でどのくらいの経験を積んできたか。その経験値なのです。

たとえば、その彼が初めて付き合った人だったとしたら、「浮気しているかも」という悩みは100、いや1000くらいに膨れ上がるかもしれません。けれど、さまざまな恋愛を体験し、酸いも甘いも知っている人からしたら「男の人なんて所詮そんなものよね」「放っておけば戻ってくるだろうし」などという見方もできるため、悩みをそこまで膨らますことはありません。

悩みが1の人と100の人の違いは、その人自身の問題の捉え方によるところが大きいのです。悩みの難しさを1にするも100にするも自分次第です。せっかくこの世に生まれたのですから、一つでも多くの経験を積んで、それらを丁寧に味わってください。

けれど、悩みが100になっている人は、それだけの苦しみを持てるということでもあります。見えない世界の存在たちから、「今、頑張りなさい」「そこを乗り越えなさい」といわれているターニングポイントにきています。そうした悩みを苦しみと捉えるか、魂を磨くためのチャンスと捉えるかはあなた次第です。

こう言うとなかには「じゃあ、なんでも経験すればいいのですか？」という人がいるのですが、中途半端な経験を数多く積むのはおすすめしません。霊界からのメッセージでよく降りてくるのは「物事はよく味わいなさい」ということ。食事の時も「よく味わって食べなさい」と言われるでしょう。それと同じで、目の前の出来事を自分はどう感じているのか、自分の気持ちをどう相手に伝えるのか、思いが通らない時に自分はどんな感覚になるのかなど、さまざまなことをよく味わいながら、その出来事が自分にとってどういう意味を持つのかを考えてみなさいということなのです。

生き方や仕事の仕方や恋愛観なども全部が似てくるので、悩みを100にしてしまう人は、生き方も仕事も恋愛も100にして面倒なことにしてしまうのです。そうならないようにするには、先ほどお伝えしたようにすべてに感謝の気持ちを持ち、経験値を高めていくことが大事になってきます。

◆日々感謝の心を思い出せば悩みも小さくなる

これまでのカウンセリングの中で印象に残っている親子がいます。お母さんがカウンセリングにいらっしゃったのですが、お子さんは中学生で障がいを持っていました。この子は5歳くらいの時の病気が原因で、目が見えなくなっていました。全盲の子どもたちが学ぶ施設に寄宿していたので、親元からずっと離れて暮らしていました。けれど誕生日になると、毎年家族にあることをお願いしていたそうです。それは「家族でお弁当を持って公園に行きたい」でした。

施設といえども毎日病院の中で暮らしているようなものだったので、なかなか外に出られなかったそうです。そのうえ家族はそこから2、3時間離れた場所に住んでいるので、なかなか会うこともできませんでした。

この子は家族と過ごす時間をほとんど味わえず、ずっと施設にこもる生活をしていたのですが、誕生日だけは外に出ることが許されていました。太陽光に長時間当たれないという病気もあったので、自分のお誕生日に両親と弟と家族4人でお弁当を持って公園に行き、ベンチに座って楽しむ2時間が、何よりの贈り物だったわけです。

公園に行って家族でお弁当を食べる――私たちはこういうことを当たり前にできますよね。けれど、この子からしたらそういう時間は年に一回のお楽しみなのです。呼吸器系にも病気があったため、そうした外出の2時間でさえ看護師さんがついてくるような状態でした。

残念ながら、この子はすでにこの世にはいません。この子は最期、亡くなる時に何を言ったと思いますか?

亡くなる数日前に、「僕がいなくなっても、休みの日は家族みんなで公園に行ってね」という言葉を残していたそうです。

このように、多くの人たちが当たり前だと思っていることが、当たり前ではない人たちも多いのです。そういう人たちからしたら、私たちが日々悩み、苦戦し、解決していくプロセスさえも羨ましく感じられるかもしれません。私たちが当たり前だと思っていることは、すべて貴いことであると気づいてください。毎日こうして生かされていることに気づいてください。

そのような気持ちを持つことから始めれば、今あなたが持っている悩みも、それ以上膨らむことはありません。どんなに苦しい状況でも、必ず未来に続く道は残っています。その道を照らす心の光を、どうか絶やさないようにしてほしいのです。

どんなことがあったとしても、今、ここにこうして生きていて、この本を読めているということは、誰かがあなたを愛して育ててくれたからなのです。もしかしたら、それは実の親ではないかもしれません。通りすがりの人、警察の人、施設の人、学校の先生、近所の人など、本当にさまざまな人たちの愛を受けて、あなたの命は今こうしてここに在るということを知ってください。

◆人との比較が悩みを100にする

人と自分を比べる人、あなたのまわりにもいませんか。なかには「なんで隣の家の人は、たいした仕事でもなく、年収も低そうなのに幸せそうにしているんですか？」など、隣の家の人と比べ始める人までいます。

先ほど申し上げたとおり、自分の目の前で起こることは、すべて乗り越えられること。けれど、他人に起こる出来事は、自分の人生の課題とはまったく関係ないので、そこで比べてみても仕方がありません。逆に、人と比べることで、自分の悩みが膨らんでいくことすらあります。

そんなことをするのは時間の無駄であり、不幸の始まりです。「人と比べているな」と思ったら、最速でそれをやめるようにしてください。もし、何かと比べたいのであれば、過去の自分と比べてみてください。過去より今のほうが人生経験も豊富ですし、人間性も深まっていると思えませんか。他人と比べて落ち込んだり、悩みをさらに複雑にしたりするよりも、過去の自分と比べて今の自分を認めてあげたほうが、幸せへの近道となります。

また、たとえば「かっこいい車に乗りたい。ランドクルーザーのような四輪駆動車はかっこいいけれど、軽自動車はダサいから嫌だ」と思っている人がいたとしましょう。けれど、世の中に自分しかいなくて、ランドクルーザーに乗っている自分を見てくれる人がいなければ、その人にしたら車に乗る価値はないわけです。

その一方、本人はこれがかっこいいと思っていても、端から見たらそうは思わない場合もあります。車にいろいろな装飾を施したりする人もいますよね。本人はあれをかっこいいと思っているかもしれませんが、第三者から見たらそうは思えないことも往々にしてあるわけです。これと一緒で、価値観というのは人それぞれなので、何が正しいかはわかりません。だからこそ、人と比べず、自分に起きていること、そしてそれに対して自分がどう感じているかということに意識を向けることが大切なのです。

◆あなたの悩みは他人を癒すことができる

人と比べることなく、あなた自身のオリジナルな生き方をしていきましょう。そうした生き方の中に、あなただけの幸せがたくさんちりばめられているはずです。そのためにも、さまざまな経験を積むことが必要です。そして、そうすることは自分のためになるのはもちろん、他人のためにもなります。

なぜなら、経験を積んでいない人は、人の相談に乗ることができないからです。たとえばあなたが、株や投資について相談されたとします。「今日のNYダウがね」「東京為替市場がさ」などと話を振られたらどうしますか？　株や投資に興味がなかったら、まったくわからないでしょう。けれど、自分も株や投資をしていて、酸いも甘いも経験していたら「こういうときはこうなるよね」「私はこうやってその場をしのいだよ」などと話して、相手の気持ちを整えてあげることができます。

よく、「あの人は懐が広いから何でも話を聞いてくれる」という人がいると思うのですが、これには二通りあります。一つはあいづちだけ打っていて、実は何も聞いていない場合、もう一つは経験値が深くて真剣に聞いてくれている場合です。結局、人から悩みを相談されたとしても、自分が経験していないことには答えられないのです。仕事、恋愛、人間関係、お金、不倫……どんなことでも、自分が経験していなければ実のある回答はできないでしょう。

私はお金に苦しんだ経験があるので、「お金を借りる方法を教えてください」と言われたら、いろいろなやり方をお伝えできます。闇金で借りる怖さも知っていますし、いろいろなノウハウを知っているからです。こうしたことを伝えられるのも、自分が経験したからです。ですから、まずはどんな経験でも積んでみてください。

今あなたが悩んでいることが、いつか人を癒す何かになる可能性があるからです。あなたが悩み、苦しみ、それを解決していくという経験を積めば、それによって救われる人も現れるはずです。

また、「私はこんな経験が恥ずかしくて……」という人がいますが、実はそういう経験こそ、誰かの役に立つためのツールになることが多いのです。私自身は借金して苦しんだ経験があるので、そういうことで悩んでいる人の悩みを聞けますし、必要であれば対処方法をお伝えすることもできます。

自分が経験することは、何一つ無駄ということはありません。あなたにとっては恥ずかしいと思えるような経験すら、人の悩みを解決するためのヒントになるのです。たとえば、受験に失敗した人がいたとしましょう。多くの方は、そんな自分が恥ずかしいなどといって悩みますが、そういう経験をしたからこそ、受験に失敗した人の気持ちがわかるわけです。

裏をかえせば、小学校、中学校、高校、大学、就職と、何の悩みも持たずにきてしまった人のほうが、人間的に薄っぺらく感じられることがあります。挫折したり、そこから立ち直ったりという経験がないので、そういう人たちは人の気持ちがわからないのです。人としてこの世に生まれたのは、さまざまな経験をしてみたいと魂が決めたからです。それならば、自分がするべき体験はとことん味わってみるべきなのです。その場は本当に苦しい時があるでしょう。死にたいと思うことがあるかもしれません。けれど、そこを乗り越えたら、絶対にその経験はあなたの宝となり、ほかの人たちを癒す力になっています。

あなたの中に、人には言いたくない恥ずかしい経験はありますか？　恥ずかしいという思いはあるかもしれませんが、その経験があるからこそ、同じような境遇の人の気持ちがわかるのではないでしょうか。これからもそうした経験を増やしながら、ご自身の人間力を高めていきましょう。

◆不幸が幸運に変わる「オセロの法則」

私の元にはいろいろな悩みを抱えたクライアントさんが毎日いらっしゃいます。皆さん、ものすごく苦しい中を毎日懸命に生きていらっしゃいます。けれど見方を変えるだけで、ご自身では不幸だと思っている出来事が実は幸運な出来事だったのだと気づくことができます。

私はこれを「オセロの法則」と呼んでいるのですが、そうすると、オセロゲームで真っ黒のコマ一面だったのが、気づいた瞬間からパタパタパタパタと真っ白なコマに変わっていくように、現実が今までとはまったく違うものに見えてきます。

そのために大事なのは、まずは「この問題を解決するにはどうしたらいいのだろうか」とアンテナを立てること。なぜこうなってしまったのかと、過去に視点を置くのではなく、どうしたら解決するかという未来に視点を向けるのです。

その状態の時に自分に入ってきた情報というのは、ご先祖様からのメッセージであることが多いのです。たとえば、自分と似た悩みを持つ人がテレビ番組に出ていた、何気なく読んでいた雑誌で助言を与えられたなどというのは、自分がアンテナを立てていたからこそ、受け取れた情報になります。

「私はそういう情報を受け取れたことがありません」という人がいますが、それはご自身のアンテナが立っていないから。「なぜ、こうなってしまったのだろう」「いつも私はこうだ」「悪いのはあの人だ」などの視点にこだわっていませんか。

そうではなく、「この問題をどうしたら解決できるか」に意識を向けてください。悩みに対する解決策のヒントというのは、案外日常生活の中に潜んでいたりするので、そうしたことをキャッチしやすくなります。

◆褒め言葉は自分も他人も幸せにする

私たちは知らず知らずのうちに、自分も他人も不幸にしてしまう言葉を使っていることがあります。不幸になる言葉というのは、人の悪口、誰かをけなす言葉、相手を追い詰める言葉です。そしてもう一つ「どうせ私なんて……」という言葉も、間違いなくあなたを不幸にします。

では逆に、自分も他人も幸せにする言葉というのは、どんな言葉だと思いますか。それは、人を褒める言葉です。本当に立派な人は絶対に人をけなしません。これは簡単なようでいて、ものすごく難しいのです。けれど、本当に人間ができた人というのは、どんな時でも相手を認めることができるのです。

「私は幸せになりたいんです。それなのに、あの人からこんなことを言われた。あんなことをされた」という人が多いのですが、今一度、自分自身が相手にそういう言葉を使っていないか考えてみませんか？　幸せになりたかったら、まずは人を褒めてみてください。

相手のいいところを見つけていってください。そうすれば、自分のまわりにある幸せも感じ取りやすくなります。

ここで一つ注意してほしいのは「あの人のこういうところ、いいよね。でも……」と、せっかくの褒め言葉を打ち消してしまうこと。褒め言葉というのは聞いている相手も、それを言っている自分も気持ちよくなることができます。せっかく気持ちよくなったところで、その気持ちを台無しにしてしまうなんて、もったいないことです。


不幸を幸福に変えるための視点を養うためには、今日の自分を褒めてあげたいと思うことを三つ思い浮かべてから眠りにつくのをおすすめしています。日本人は謙遜しすぎて自分を認めないところがありますが、自分で自分の良さを認めることはとても大事だからです。自分自身に対してポジティブな視点を持つことができれば周りの人に対しても、目の前の現実に対してもそういう見方ができるようになります。

「今日はおいしいご飯を食べられたな」「いつもは24時になってしまうけど、今日は22時に寝られてうれしいな」など、ちょっとしたことに感謝して寝られるのは、幸せなことだと思いませんか。日々そういうことを感じ取ってほしいと思うのです。

それと同時に、「ありがとう」「感謝しています」など、良い言葉を習慣づけることも大切です。そして、自分に対しても「今日もよく頑張ったね」「今日の仕事は充実していたね」「今日は家族に優しくできたね」など、温かな言葉をかけてあげてください。これを続けていけば、自然と周りの人に対しても良い言葉、温かな言葉をかけてあげられるようになります。

褒め言葉については、こんなエピソードがあります。私は2019年にロンドンでもスピリチュアルな学びを深めたのですが、その時に感じたのはイギリスの人たちは自分に自信を持ち、自分の良い面と悪い面をきちんと把握しており、相手に対しても率直に意見できる人がものすごく多いということでした。良いところはものすごく褒めてくれますし、改善したほうがいい点ははっきりと指摘してくれるのです。そのため、初対面であってもすぐに気さくなコミュニケーションが取れていました。

一方、日本人は自分の良いところを表現するのが下手だといわれています。イギリスの人たちの場合、「私はチャーミングだし聞き上手で、思いやりがあって優しいです」などというように、自分の長所をたくさん言うことができます。けれど、日本人は自分のことをこんなふうに評価することがなかなかできません。その逆に、自分を貶《おとし》めるようなことを言う人のほうが多いのではないでしょうか。

自分で自分のことを褒めたり、認めたりする人は自意識過剰なのではないかと思う人も多いでしょう。けれどそれは間違いです。自分を貶すのではなく、自分の良いところをきちんと把握し、それを人に伝えられる練習をしておくべきです。

日本の場合は「言わぬが花」というような風習があります。相手とコミュニケーションをはかる時も、「これを言ったら悪いかな」などと考えてしまい、自分の意見をストレートに伝えられずフラストレーションを抱えることが多いと思います。

イギリスにも日本にもそれぞれの文化があるので、コミュニケーションの取り方に違いがあるのは当然のことですが、それでも自分の思いを言葉にして相手に伝えるというのは、とても大事なことです。

「今日の髪形、素敵ですね」「その眼鏡、似合っていますね」「その服、素敵ですね」などと言われたら、誰だって悪い気はしないでしょう。自分が幸せになりたかったら、まず言葉を上手に使って相手とコミュニケーションを取り、相手の素敵なところを伝えて幸せな気分を贈ることから始めてみませんか。

◆誰もあなたを幸せにできない

不幸な人というのは、本当に幸せが目の前にあるのに、それに気づけていない人のことをいいます。

２０２０年はカウンセリングでも「コロナ禍で、仕事ができることの幸せを感じるようになりました」という声をよく聞きました。今まではその時間になれば職場に行き、ただ仕事に明け暮れていた毎日だったけれど、その職場に行けなくなり、仕事ができる幸せに気づいたというクライアントさんがとても多かったのです。これはコロナ禍で職場に行けなくなるという経験を積んだからこそ気づけたこと。それこそ、不幸な出来事から幸せに気づけたわけです。

けれど、同じ状況であっても「お給料が下がった。どうしよう」「シフトに入れなくて困っている」など、ネガティブなほうにばかり意識を向けていたら、自分には働ける職場があるという幸せにさえ気づけないでしょう。

コロナ禍で職場に行けないという現実から、幸せを見つけ出すのも、さらなる不幸を見つけ出すのもあなた次第というわけです。そして、そこからさらに自分を幸せにしていくのも、不幸にしていくのも自分ということになります。

そう、誰もあなたを幸せにはできないのです。自分で自分を幸せにしていくしか、幸せになる方法はないのです。

いくらまわりの人たちから「お金がたくさんあって、いい旦那さん（奥さん）がいてくれて、素敵なおうちに住んでいていいなあ」と言われても、本人がそう思っていなければ、まったく幸せではないのです。逆に「こんな家に住んで、こんな状況で大丈夫ですか？」という状態でも、本人がそれを幸せと思っていたら、その人は幸せなのです。

幸せの尺度とは本人の心の在り方なので、誰もあなたを幸せにはできません。あなたが自分で自分のことを「幸せ」と思わない限り、幸せはやってきません。好きなものを食べたり、欲しいものを買ったりして自分を満たすことはできます。けれどこれは、一時的なことなので、幸せの尺度とは少し違います。

本当の意味での幸せというのは、自分の心が満たされる環境があったり、自分のことを思ってくれる人がいたり、自分の居場所があると思えること。お金がある、いい仕事をしている、素敵なパートナーがいるということではないのです。

ご相談の中には「私はいつ幸せになれますか？」というのも多いのですが、そういう人はつねに幸せにしてくれる人を探しています。ですから「幸せになれますか？」という質問になるのです。そうではなく、「どうしたら自分は幸せな気持ちになれるか」を考えて、毎日の生活の中にある小さな幸せを拾い集めていくこと。

パートナーがいて、家族がいて、仲間がいて、雨露しのげる場所があって、今日食べられるご飯がある。そういう幸せが目の前にいっぱいあるのに、それを感じない心が不幸の始まりなのです。だとしたら、目の前の幸せを一つずつ感じていくことから始めましょう。そうして自分を幸せにできるのは、自分だけなのですから。

◆人間の究極は「愛」

人間の本質は「愛」です。いきなりそんなことを言われて「なんのこっちゃ？」となる人もいると思いますが、これは霊的な真実でもあります。誰かに必要とされ、誰かに愛され、そして誰かを愛することで人間という存在は保たれています。お金や仕事で保たれているわけではありません。世の中にはお金を持っているけれど寂しい人というのが多いのですが、お金がなくても満たされている人というのもたくさんいらっしゃいます。

たとえば人脈ひとつとっても、お金や権力があるからつながっているという人と、信頼や尊敬の気持ちからつながっている人とに分かれます。そして、何かトラブルがあった時に壊れてしまうのは前者で、そういう時にこそ強くつながるのが後者ということになります。最終的に、人間というのは愛や信頼ゆえに稼働することができる存在なのです。こういう話をすると「そうは言っても、私にはお金がすべてです」とおっしゃる方もいらっしゃいますが、それは一時期のこと。お金がすべてでお金によって満たされるというのは、一時的なものにすぎません。

また、虐待やネグレクトなどあまりにも辛い体験をして、「自分は誰からも愛されていない」と思ってしまうような境遇でも、一生懸命生きている人たちもいます。虐待などを肯定する気持ちは一切ありませんが、そういう方々でも今この場に生きて存在しているということは、誰かが愛を向けてきてくれていたからなのです。

その愛は親からのものではなかったかもしれません。あなたが理想とする形の愛ではなかったかもしれません。けれど、児童相談所の方、施設や病院の方、近所の人たちなど、誰かはわからないのですが、そうした人たちからの愛があったから、あなたは今生きているのです。確かに辛い経験も、孤独もあったと思います。それでも、誰かが愛してくれていたから、ここまで命をつなげてこられたのです。

実は私自身、親がいない子どもの里親になる登録をしています。里親になるための研修を受け、いつでも子どもを迎えられる用意をしています。

そうした中で感じたのは、虐待やネグレクトなどいろいろなことがあって親と一緒にいられず施設に引き取られた子であっても、大きくなるには誰かからの愛があったということなのです。

カウンセリングの中でよく使う手法として「アルバム法」というものがあります。子どもの頃の写真を見返しながら、今愛されているかどうかではなく、過去にどれだけの愛を受け取ってきたかを振り返ってみるのです。今、本当に行き詰まっている人ほど、これをすることで心がものすごく浄化されていきます。過去の自分の写真を見ながら、「自分はこんなふうにお世話されていたんだな」「こんなふうに笑っていたこともあるんだな」と、過去のその場所に愛があったことを認識できるからです。

もし子どもの頃の写真がない人には、今から写真を撮ってアルバムをつくることをおすすめしています。それを一カ月後、半年後、一年後に見返すだけでも、「ひと月前はこんなことをしていたな」「半年前のあの時はあの人と一緒だったたな」「去年見たあの景色に救われたな」などというように、自分の周りにあった愛を思い返すことができるからです。

そうすると、どんな感じがするでしょうか。辛いこと、不幸なこと一色だった過去に、愛や幸せが入り込み、天涯孤独と思っていた自分が、案外いろんな人たちに助けられてきたことに気づくことができます。すると、冷たく固まっていたあなたの心が、ふっとゆるんでくるのです。その瞬間から、周囲の愛や優しさや幸せに気づいていけるようになるはずです。

◆偏見を持つと愛の場所が見えなくなる

虐待などを受けて親と一緒に暮らせない子どもというのは、一見かわいそうに見えるかもしれません。その子どもに罪はまったくないですし、辛い思いをしてきたことには痛みを感じます。けれど違う視点から見たら、そういう子どもたちは、それだけたくさんの愛を学ぶ機会を与えられているといえます。

そのような境遇を選ぶ魂というのは、人の2倍も3倍も愛について学ぼうという課題を持って生まれていることが多く、人とのコミュニケーションや関係性からたくさんの愛を学ぶ環境を選んできているのです。

だからこそ、親だけでなくいろいろな人と出会い、愛を学ぶチャンスをもらってきています。親に愛されなかった子、親がいない子というのは、反面教師的に愛を学ぶことを選んだ勇気のある魂たちともいえるのです。

それと同時に「親がいない子どもや虐待を受けた子どもはかわいそう」という見方ばかりをする世の中の風潮を思うと「寝たきりの子どもはどうなのですか？」「話せない子は？」「足がない子は？」「食べられない子は？」と思うことがあります。

多くの人たちが虐待やネグレクトなどのネガティブな側面ばかりを見るので、「こんなひどい体験をしてかわいそう」というイメージで見てしまいますが、「食べられる体だよね」「手足があるよね」「目は見えるよね」と考えると、自分を幸せにできる可能性がまだまだあることに気づけるのではないでしょうか。

確かにに虐待は許されないことですし、そういう体験をした子どもたちを思うと胸が痛みます。そうした痛みを乗り越えて、なんとか幸せな人生を送ってほしいと思います。だからこそ、それでもまだ幸せになる可能性は残っていることに気づいてほしいのです。そこに光を当てながら、幸せになるための道を進んでいってほしいと願っています。

◆あなたは今、幸せに気づいていますか？

世の中には、口では「幸せになりたい」と言いながら、無意識のうちに自分を不幸にしたがる人が多いです。「私は不幸だ」「私には幸せなんてない」という人ほど、周りにある愛や幸せを受け取ろうとせず、自分から愛や幸せを遠ざける言動を取っていることが多々あります。そういう方々は身から出た錆で、自分がやってきたことのツケが回ってきて、結果的に不幸なことばかり引き寄せてしまいます。

私のもとには「死にたいんです」と、相談にいらっしゃる方もおられます。その理由を尋ねると「行き詰まったから」「未来が見えないから」「人生が思いどおりにいかないから」とおっしゃるのです。こういうご相談を持って来られる方は、自分の生い立ちを不幸だと嘆きながら生きていることが多いです。

たとえば「小さな頃に受けた虐待のキズがいまだに癒えなくて、親を許せないんです」という方がいらっしゃったとしましょう。この時にお伝えしているのは「まず、親を許す必要はありません」ということ。そして、こういう方はすでにご自身が結婚されている場合が多いので、ご自身がそういう気持ちで毎日過ごしていることが、ともに家庭を築いてきた旦那さまや、自分を頼ってくれる子どもたちにどのような影響を与えているかを考えてもらうようにしています。

そこで「今は旦那さんやお子さんと一緒に暮らしているのに、そんな気持ちでずっと過ごしていらっしゃるのですか？」とお尋ねします。「冷静に考えてみてください。そんなふうに思って毎日生きている妻を見ていて旦那さんはどう思うでしょうか。お子さんたちはどう感じるでしょうか」と。

もし、家族の中にそういう思いを持ち続けている人がいたら、ほかの家族は「自分たちがいても幸せではないの？」「そんなこと言わないでよ」など、悲しく寂しく感じるのではないでしょうか。

自分のまわりに今ある幸せを脇に除けて、過去のあら捜しをしては「私にはこんなことがあった。あんなことがあった」と不幸自慢をする人もいます。そして、それに対し「そうね。わかるわ」「大変だったね」と言われることで、心が満たされる人もいます。そうした共感と愛を勘違いする人もいますが、両者はまったくの別物です。

もちろん、過去の悲惨な体験がトラウマとなり、その人の一生に影響を与える場合がありますし、虐待を肯定するつもりはまったくありません。けれど、幸せが目の前にあるのに感じようとすらしない人があまりにも多いので、私は心から皆さんに「あなたは今、そばにある幸せに気づいていますか？」と問いたいのです。

幸せになりたいなら、まずは今あなたのまわりにある小さな幸せに気づいてください。小さな幸せに気づくことができるようになれば、必ず大きな幸せも引き寄せられるようになります。

第４章

生涯収入は生まれた時に決まっている

◆お金は人を幸せにするツール

スピリチュアル的な視点からいうと、お金というのは人を幸せにするツールとして捉えることができます。ものを得る喜びを感じるため、そしてカルマ（業、行為、行為による結果）を解消するために活用できるからです。カルマというのは自分がやってきたことから発生する垢のようなもの。お金を通してそれらをきれいにすることもできるのです。

たとえば、あなたが100万円寄付したとします。ここで大事なのは、その100万円が汗水たらしてあなたが働いて得たお金であること。宝くじで1億円を当ててそのうちの100万円を寄付するより、一生懸命に働いて得たお金であることのほうが意味に重みが出てきます。

また、自分が働いて得たお金を人さまに寄付するというのは、大きな意味でのパワーバランスを取ることにもつながります。そうすることで、自分が今までやってきたことのツケを浄化できるからです。

こう言うと「100万円寄付すれば、これまでやってきたことの垢が消えるんですか？」「じゃあ、コンビニエンスストアで1000円寄付したら、私のカルマが少しは消えますか」などと言う方がいらっしゃいますが、残念ながら話はそんなに単純ではありません。その人が背負っているカルマの量というのは人それぞれで、１０００円で解消される人もいれば、１０００万円が必要になる人もいるのです。

ただ、基本的なこととして、お金には人の過去を浄化する働きがあるということは覚えておいてください。そして、この時に使うお金は人からもらったり、ギャンブルで当てたりしたものではなく、自分で働いて得たものであることに意味があります。

一方、世の中には某企業の社長さんのように、お金を配っている人もいます。そのことについて世の中では賛否両論あると思いますが、一瞬にして得た莫大な額を自分だけでは使い切れないので、あのような形で毎日コツコツお金を配り、お金が自分のところにとどまらないようにしているのでしょう。自分の手元にお金がとどまらないよう、あえてお金を流すようにしていくのは、スピリチュアル的な視点から言うとものすごく理に叶っているのです。

そういう方々は、そのお金を自分の手元に置いたままにしていたら、どういうことが起こるかをわかっているのでしょう。手元にお金を持ちすぎることの怖さを知っているからこそ、毎日お金を配るという行動に出ているのだと思います。

お金というツールは人を幸せにしますが、あるがゆえに不幸になってしまう人も多いのです。カウンセリングにいらっしゃる方の中にも、「お金には何一つ不自由していないけれど、相続などで内輪揉めが起きて本当に困っている」という方が少なくありません。

お金は人を幸せにしたり、カルマの浄化や心に余裕や満足感をもたらすものとして使えるのですが、その反面、使い方を間違ってしまうと家族が揉めたり、ひどい時には殺人事件にまで発展してしまいます。人間の在り方にポジティブにもネガティブにも働くのが、お金というツールです。

どんなに温厚な人でも、穏やかな人生を送ってきた人でも、お金が絡むことで人格や人生の方向性が変わることがあります。たとえばこれがポテトチップスだったら、そんなに大きな揉めごとにはなりません。ポテトチップスを内緒でとられたとしても「どうぞどうぞ、食べてください。後でまたコンビニエンスストアで買いますから」と言えると思うのです。

ところがお金というツールになった途端、温厚な人でも人格が変わってしまいます。お金というのはあるから幸せ、ないから不幸という単純なものではありません。複雑な要素が絡み合い、人を殺すことも生かすこともできるツールだからこそ、慎重に扱う必要があるのです。

◆「心バンク」……人のために使ったお金はまた入ってくる

人のために心から使ったお金は、また入ってきます。誰かのために生きるお金の使い方をすれば、それは必ずその人のもとに戻ってきます。

では、気持ちよくお金を使うというのはどういうことでしょうか。あなたが友達とご飯を食べに行って、お会計がちょうど1万円だったとします。誰が払うかとなった時、あなたが「今日は私が払います」と言ったとしましょう。そうしてお財布からお金を出しますよね。

その時にいいおまじないがあります。お金を出す時に「また帰ってきてね」と心の中で声をかけて、快く支払います。すると不思議なことに、またお金は戻ってきてくれるのです。ただ、そこで「私は人のために使っているのだから、戻ってくるだろう」などと打算的になると、効力がうまく発揮されません。「友達とおいしく楽しい時間を過ごせてよかった。ありがとうございました」と、快くお金を支払うことが大前提となります。

また、自分が取り込めるお金には限界があります。財産として100万円もらったら、誰にも何も渡さずに全額貯金するというよりも、10万でも20万でも人のために使ったほうがいいのです。1年間100万円を銀行口座に入れておくよりも、毎月1万円ずつ寄付して年間で12万円のお金を人のために使った人のほうが、結果的にお金はまわるようになります。世のため人のために使ったお金は、また戻ってきます。これが自分で稼いだお金だったら、なおのことです。

◆生まれた時点ですでに決まっている生涯年収

生涯に入ってくるお金の額は、人それぞれ決まっています。たとえばあなたには1億円のお金が生涯入ってくるように決まっていたとしましょう。その1億をもし宝くじで得てしまったら、その時点で満額を手にしてしまったことになります。

宝くじを当てたことで病気になったり、家族が揉めたりという話を聞いたことはありませんか。実はこれ、意外とよくあることなのです。臨時収入として得たお金も、生まれた時に決まっている生涯年収の額に含まれています。生涯年収が1億円と決まっている人が10万円を得て「わあ、うれしい！」と思った場合、生涯年収1億円のうちの10万円を働いて得る機会をそこでなくしてしまっているともいえるわけです。

　この点、お金に関して勘違いしている人がものすごく多いです。臨時収入を得た時にほとんどの人が「10万円入ってきた。ラッキー」「100万円もらった。うれしい！」となりますが、その場で得た金額分だけ働いて得る機会をなくしたということ。そのバランスを取ろうとして、家電品が壊れたり、車が壊れたり、病気になるなどして強制的に何らかの形でそのお金は流れていくようになります。お金が入った時に起こりがちなこういう現象は、その人の生涯年収のバランスを取ろうとする力が働くからこそ起こるわけです。お金というのはこのようにして、つねに人間のバランスを取るためのツールにもなっているのです。

　お金はその人の器を表すので、分相応以上のものを得たら、どこかで流さなくてはいけなくなります。事故、病気、家電製品の故障など、必ず何らかの形でバランスを取らなくてはいけなくなります。それならば、そうなる前に人のために使ったほうが、バランスが取れるうえにカルマの解消にもなるのでよいと思いませんか。

　お金というのはその時だけよければいいというものではなく、ものすごく長い目で見なくてはいけない話なのです。「今、10万円もらったからラッキー！」という小手先の話ではなく、生まれてから死ぬまでの間にそのお金がどう自分に作用してくるか。その人の人生のバランスを取るためのツールとなるので、お金には私たちが思っている以上に深い働きがあるのです。

また、もともと生涯年収が100万円の器だった人が生きている間に1000万円の器に変わるかというと、残念ながらそれはできません。1000万円を稼ぐ器のある人なのに、人生経験が浅いがゆえにまだ100万円しか稼げておらず、足りない経験を積んだ後には1000万円を稼げる器になるということはあります。

お金というのは目に見えない作用が大きく働くツールなので、単純に「お金持ちがいい。貧乏は悪い」という言い方はできないのです。ですから、生涯年収1億円の人はすごくて、100万円の人は劣っているということはありません。何度も言いますが、自分で稼いだお金をどれだけ人のために使えたかということが、もっとも大事な基準となるからです。

◆たまにはお金と距離を取ってみよう

お金に悩んでいる時というのは、心に余裕がなくなります。ある程度収入が安定し、生活が整ってくれば心に余裕ができます。これは当たり前のことだと思います。田舎暮らしをするならまだしも、都会で暮らすとなると毎月ある程度のお金が必要になりますし、お金に追われるような生活になってしまうこともあるでしょう。

そういう中でお金と上手に向き合うためにも、まったくお金を使わない日を月に1回でもいいのでつくってみてください。お金を一切目にしないようにしてもよいでしょう。食べるものや生活に必要なものは前日までに用意して、お金に触れない日を設けると、お金に対する感覚が少し変わってきます。特にいつもお金のことばかり考えている人は、このようにお金と距離を取る時間がものすごく大事になります。

実はこれは恋愛と同じことなのです。たとえ大好きな彼や彼女だったとしても、毎日その人のことばかり考えて、毎日頻繁に連絡を取り合っていたら、だんだん気持ちが疲弊していくでしょう。こういう時、相手と少し距離を取ることで、素の自分に戻れることがあります。「相手と連絡を取り合っていないと落ち着かないんです」という人ほど、少し連絡をしない期間を設けることで「ちょっと気持ちが楽になりました」「連絡をしなきゃという強迫観念がなくなりました」とおっしゃることが多いのです。恋愛もお金も距離感が大事です。お金との関係を良好に保つためにも、お金と離れる日を月に1回、ぜひ取り入れてみてください。

◆お金は使えば使うほど入ってくる

お金は使うほど入ってくる。この言葉を聞いたことがある人は多いと思いますが、これは浪費と紙一重なので、慎重に捉える必要があります。なんでもかんでも好きな物を買ってお金を使えば、お金はまた入ってくるという意味ではないからです。

先ほども申し上げたように、お金は人のためにきれいに使った場合には、自分のために入ってきます。ここでは、どのようにお金を使ったかという部分がとても大事になってきます。

お金を使って幸せになりたいなら、とにかく人のためにお金を使うこと。それが自分に返ってくることになるので、お金を「自分のために使う日」「人のために使う日」というように、分けてみるのもよいでしょう。

人のためにお金を使うと言うと、「え……いくら使えばいいんですか?」「そんなことできる経済状況ではないんです」などとおっしゃる方がいます。私がおすすめしている使い方は、そんなふうに自分に無理して行う必要はまったくありません。

コンビニエンスストアのレジにある募金箱に1円玉を入れるだけでも、人のためになります。寄付というと芸能人が１００万、１０００万という単位でするニュースを目にして、そのくらいの額をしなければいけないと思う方もいるようですが、そんなことはまったくないのです。

自分の生活に支障が出るくらいの金額を設定すると、「自分にはできない」となりがちですが、大切なのは金額よりも気持ちです。無理なくできる範囲のことを積み重ねていきましょう。１万円を募金箱に入れるのは難しくても、１円、10円くらいからなら、無理なくできる気がしませんか。「少しでも人のためにできることを」という気持ちで募金することがすでに人のためになっているのですから、金額が問題ではないのです。

寄付にも分相応のやり方があるので、あなたが無理なくできる方法で続けてみてください。人のために使うのは、自分の生活に支障がない範囲で十分です。自分の生活が崩れるほど人のために使うというのは本末転倒なので、そこまでする必要はまったくありません。気持ちよく、誰かのことを思って、無理のない範囲でお金を使いながら、あなたのもとにもお金を引き寄せていきましょう。

◆お金には「人の念」が入っている

私たちが毎日手にしているお金ですが、目に見えない人の念というものをのせて世の中に出まわっているのをご存じですか。いろいろな人の手を介して使われていくので、そうした部分にも注意を払う必要があります。

うちの嫁は財布の中のお札を仕分けています。あまりきれいではないお札はお財布に入れず、きれいなお札だけをお財布に入れるようにしています。お財布に入れておきたくないお札に関しては「すぐに使って」と言うくらいです。

お金には人の念が入っていますが、誰かのためにきれいに使うという行為によって、そういう念も浄化することができます。

その人の人間性は食べることや生き方に表れるものですが、お金の使い方にも如実に表れます。お金をきれいに使える人は生き方そのものもきれいです。優柔不断なお金の使い方、自分のことばかり考えるお金の使い方をする人は、生き方も優柔不断だったり、自分勝手だったりします。そして、そういうところにはお金は戻ってきません。こうした原理を理解したうえで、人のためを思って気持ちよくお金を使うというやり方を意識すれば、お金以外の部分でも幸せになっていくことができます。

お金というのは、いわば私たちを幸せにも不幸にもするツール。それならば意識的に自分を幸せにして、お金が戻ってくるように整えるツールとして使っていくほうがよいと思いませんか。

◆100万円のパワーストーンでも幸せになれない人

世の中には、「100万円のパワーストーンをつけたからもう大丈夫。私は絶対に幸せになれる」と思う人がいます。「1万円のパワーストーンでは幸せになれないけれど、100万円ならなれるだろう」というのです。

残念ながら、このように金額に価値を見出す人は、本当の意味での幸せを得ることはできません。確かに、100万円のパワーストーンを手に入れたら、一時的には気持ちが満たされるでしょう。けれど、それは長くは続きません。そもそもパワーストーンなどの「もの」というのは、その人を輝かせる道具ではなく、その人が自らの輝きを放出するのを補助するサプリメントのようなものだからです。

いくら高価なパワーストーンを身につけていても、心が腐っていたら幸せにはなれません。感謝の気持ちを持てない人、もしくは毎日の幸せを感じることができない人が１００万円のパワーストーンを持ったとしても、幸せにはなれません。

毎日感謝の気持ちを持って謙虚に生きるからこそ、その１００万円のパワーストーンに心を込められるわけです。お金で示されるそのものの価値ではなく、そこにどのような心を込められるかというのが重要なのです。

今まで食べたもので一番おいしかったものは何ですかと尋ねると、「お母さんがにぎってくれたおにぎり」「おばあちゃんが作ってくれた肉じゃが」など、作ってくれた人の気持ちが入った食べ物をあげる人が圧倒的に多いです。逆に、「五つ星レストランで食べたステーキ」「有名シェフが作るフレンチ」などをあげる人のほうが少ないです。これはもう、基準がお金ではないことがわかりますよね。

温かな思い出や作り手の真心がこもった食事は、金額の高い低いに関係なく、その人の心の中にずっと残るものです。そうした小さな幸せが、その人の心を満たしていきます。

このようにして心が満たされてこそ、人は自分も他人も大切にすることができます。謙虚さを知り、周りへの感謝の気持ちも湧いてきます。

心が満たされている人が１００万円のパワーストーンを身につけたら、石たちもその人の輝きをさらに美しくサポートしてくれるでしょう。けれど、「これをつけておけば大丈夫」「高いお金を払っているのだから」という価値観や物欲で心がいっぱいの人が１００万円のパワーストーンをつけたところで、美しく輝くことはできません。

言い換えればパワーストーンなどのお守り的な存在というのは、あなた自身を照らしてくれる光です。そんな光があったとしても、あなたの内面が妬みや怒りや不安でドロドロになっていたら、いくら光を当ててもあなた自身は輝きません。けれど、感謝や謙虚な気持ちや親切心や思いやりに満ちてクリアになっていれば、そこに光を当てた瞬間からきらきらと美しく輝き出すでしょう。

この時に大事なのは、あなた自身の内面ということになるのです。高額なものには価値があり、それを持つ自分にも価値があるというのは、偽物の満足感です。そうした思いは長続きしません。それよりも、まずは感謝や謙遜の気持ちを持って、内面を輝かせることを考えていく。そういう自分を補うサプリメントとしてパワーストーンを使う。こういう感覚でいたほうが、石たちもよい働きをしてくれますし、本当の幸せが長続きします。

◆生きたお金を使うことで人生経験も積める

私たちは人生経験を積めば積むほど、いろいろな人の気持ちがわかるようになり、視野が開けていきます。そうした経験のうち、お金があるからこそできる経験というものもあります。たとえば、相手が喜ぶ顔を見たいと思って、ほしがっていたものを買ってプレゼントしてあげたとします。

これはお金があるからこそできることですし、相手が喜ぶ顔を見て自分も幸せで心が満たされます。これはお金というツールを使って、相手のほしがっているものを買うということができたからこそ得られた経験です。

本書をあなたが購入してくださったのも、お金があったからですよね。自分にとって興味がある本を買って、そこから新しい知識や考え方を手に入れるというのも、お金を払うことで得られる経験です。

ほかにも、遠距離恋愛をしている恋人に早く会いに行きたいと思い、新幹線ではなく飛行機で現地まで行くというのも、お金があるからこそできること。移動時間よりも二人で過ごす時間を多く取るという経験を、ここで味わえるわけです。

もちろん、お金がすべてではありませんが、お金は世の中に必要な大事なもの。このお金を使うことで得られるものが世の中にはたくさんあるのです。このようにお金を使うことによって得る経験も、それがきれいな使い方であるならば、大切な人生経験として積み重ねられていきます。

◆お金と相思相愛になる方法

お金にはいろいろな作用がありますが、できればお金と良い関係を築いていきたいですよね。お金を上手にまわしていくために、私がいつもやっていることがあります。それは、決まった金額を必ずお財布の中に入れておくということ。

たとえばつねに1万円という金額がお財布の中にあるようにしているとしましょう。そこで3000円使うと7000円になってしまうので、新たに3000円を補充して、お財布の中の額が1万円になるようにしておきます。

いつも一定額のお金をお財布の中に入れておくようにして、お金がお金を呼ぶような環境を整えていくというわけです。食べ方や生き方、人間性といったところにお金の使い方が表れるので、このようにしっかりお金を管理できていると、そういう姿勢がお金の巡りや生き方にも出てきます。これをルーティーンとしてやっていくと、自然とお金がお金を呼んでくれるようになります。

お金と相思相愛になる方法はもう一つあります。それは定期的に人のためにお金を使うことです。募金や寄付、または誰かへの贈り物でもよいでしょう。そうやってお金を流していくことは、ものすごく大事なことです。そういうところでお金を流せるか流せないかというところにも、その人の人間性が表れます。

町なかで学生さんが募金箱を持って立っていて「お願いします」と言われた時に、すんなりと募金ができるかどうか。100円でも1000円でも出せる人と、「何を言っているんだか」と思って通り過ぎる人といます。そういう時にすんなりお金を出せる人は、人のためにお金を使う心があるので結果的にお金に愛されます。

ただ、町なかの募金はそれをやっている人たちをちゃんと見極める必要があります。関西などではカラ偽善者といって、本当は募金などしていないのに、そういう形だけやってお金を入れてもらい、自分たちの取り分にしている人たちもいるからです。本当に世のため、人のためにしている募金を見極め、気持ちよくあなたのお金を流していってください。それを続けるうちに、不思議とあなたの周囲でお金がまわり始めるようになっていきます。

第５章

応援する人は応援される

◆他力本願より自力本願

「不幸の三原則」というのをご存じですか。それは、人のせいにする「他力本願」、きっとこうしてくれるだろうという「期待」、そしてこの人（もの）がいなければだめという「依存」です。こうした思いがあると、すぐに不平不満や愚痴が出たり、あの人に裏切られたと騒いだりしてしまいますが、すべては心の表れです。

けれど最後に頼れるのは自分自身。「自力本願」ということになります。目の前で起こる出来事はどんなことも自分が選んでいる。それらに対して「私に責任があります」という見方ができるだけで、スムーズに解決することが多いのです。

家族の悩みを持つクライアントさんが多いのですが、その中でも「息子は私の気持ちをまったくわかってくれません。どうしたらわかってもらえますか？」などと、息子に対する悩みを持つお母さんが多いです。こういう時にいつもお話ししているのが、「息子さんをどうしたらいいかではなく、そのように息子さんを育てたあなたの責任はどこにありますか」ということ。少々厳しく感じるかもしれませんが、因果応報というのは霊的世界の法則でもあるのです。

たとえば以前、ある親子がいらっしゃいました。お母さんと息子さんだったのですが、息子さんが彼女にお金を貸していたそうです。途中から「あれ?」と違和感を覚えながらも貸し続け、一年間で100万円ほど貸してしまいました。そこでようやく「お金を返してほしい」と言ったら、「私たち、もう別れよう」と言われてしまった。そのことについて、お母さんは「どうしたらいいですか?」と言うのです。

これはスピリチュアル・カウンセリングに持ってくる相談というより、冷静に考えたらすぐに警察に行くなど、現実的に動くしかないわけです。貸した息子さんにも非があるにもかかわらず、息子さんは息子さんでその場にいない彼女のことをずっと責め続けていました。30分くらい「あんな女だとは思わなかった。俺はそんなつもりで貸したんじゃないのに。急にそういうふうになった」と、ずっと文句ばかり言っていました。でも、もう後の祭りです。

結局、「お金を貸せば好きでいてくれるだろう」という打算的な考え方や、心のどこかに「きっと返してくれるだろう」という期待があったからこそ、彼は彼女にお金を貸し続けたのでしょう。

「別れると思っていたら貸していましたか?」と聞くと、「別れるのだったら貸さなかった」と言っていました。けれど、自分で彼女にお金を貸すと決めてそうしてきて、結局は返してもらえなかった。そういう結果を招いた原因は、彼自身にもあるわけです。

本当の幸せを手に入れていきたいのならば、どんなことが起きても人のせいにせず、自分にもそうした責任はあると思って物事を客観的に見る訓練が必要になります。自分の嫌いな人の嫌な部分が「自分の一部としてもある。そこに気づくように」というメッセージであるのと同じように、自分の目の前の現実がどんなメッセージを投げかけているのかに気づいていかなくてはなりません。

また、たとえば電車の中で足を踏まれるとします。あなたがその人に足を踏まれたのは、その人と同じような波動だったからともいえます。都心の人が多い場所などでは、肩がぶつかったとか、自転車がぶつかったとか、いろいろあると思います。カッとなって「どこを見ているんだ!」などと言ったり、言われたりする人がものすごく多いです。けれど、そうやってぶつかったのは、その相手と自分の波長が似ていたからなのです。結局、そういう人を引き寄せる波長を自ら出しているわけです。

ぶつかられて瞬間的にカッとするのは仕方ないとしても、それと同時に「そうか。自分は波長が下がっているんだ」「そういう言葉を言われるほど心が貧しくなっていたんだ」という視点を持つことが大事です。そこから「もう少し明るく過ごしてみよう」「まわりに優しい言葉をかけていこう」など、自分で自分の波動を高めるよう軌道修正できれば、幸せは向こうからやってきます。

さらに、お酒の力で暴力をふるったにもかかわらず、「お酒を飲んでいたから覚えていない」と言う人がいますが、覚えていないわけがないと思うのです。「お酒を飲んだからこんなになった」とお酒のせいにしていますが、結局は自分が暴力をふるってしまったのですから、その責任は自分で取らなくてはなりません。

都合の悪いことが起きた時、みんな心のどこかで「自分は悪くない」と、自分を守ろうとしますが、そうすることで余計事態をこじらせてしまうのです。自分に起こるすべての出来事は自己責任によるもの。自分が蒔いた種から生まれた結果であると受け入れることから始めてみましょう。

◆目に見えていることが真実とは限らない

現実の捉え方として、不思議だなと思うことがあります。AくんとBくんという二人の子どもがいて、二人がけんかを始めたとします。そのうちにBくんがAくんに手を出して、Aくんが泣きだしたとします。大抵の親はそこだけを見て、Bくんに向かって「そんなことしたらだめでしょう。何で手を上げたの？　なんでそんなことしたの？」と言うと思うのです。

Aくんが何もしていないのに、BくんがAくんに手を上げるような子育てをしているのだとしたら、それは親に問題があることになります。けれど、もしかしたら先にAくんがBくんに何かをしたから、Bくんは手を出してしまったという可能性もあるのではないでしょうか。

ところが人間というのは面白いもので、真実は違うところにあるかもしれないのに、目で見たものを真実として認識してしまいます。ですから、親が子どもを見る時も、いじめられている子を見る時も、DVで悩んでいる人を見る時も、相手のことをただ「かわいそう」「大変そう」という思いで見るのではなく、もしかしたらこの人にもなんらかの原因があるのではないかという視点で物事を見るようにしてみてください。これは人間性を深めるためにも非常に大切なこととなります。

いじめもDVも決して肯定はしませんが、なかにはあえて旦那さんにDVをさせるような言動をとる奥さんというのもいるのです。カウンセリングをしていて、「旦那のDVに悩んでいるんです」という奥さんの話を聞いていると、たまに「あれ？」と思うことがあります。なぜなら、奥さん本人が旦那さんに「殴れるものなら殴ってみろ！」「どうせ（殴ったりなんか）できないくせに」などの言葉を投げかけていることがあるからです。そうやって旦那さんのDVを助長するようなことをしてしまう人というのもいるわけです。

結局、何事もそうなのですが、物事を片方の視点だけで捉えていたら、悪いのはAで、Bは悪くないというように100対0という見方になってしまいます。もう片方の視点から捉えたら違っていたということが意外と多くあるのです。ですから、この本を手に取ってくださったあなたには、物事にはいろいろな側面があることを覚えておいてほしいと思っています。

目の前で何かの事故を見たとしても、「ああ、かわいそうに」という100対0の視点でみるのではなく、「いや、こんな事故になるには何かの原因があったのかもしれない」と客観的に物事を見るようになってほしいのです。本当に客観的で冷静な視点を持てるようになると、余計なことに振り回されず、本質を捉え、運気を上げていくことができるからです。

スピリチュアル・カウンセリングにいらっしゃる方の中には「運がすごく悪いんです」という方もいます。そこで「では、人のために今まで何かしてきましたか？」と尋ねると、「とくに何もしていないです」という人が多いのです。こういう人と「いっぱい人のためにボランティアをしてきました」という人では、やはり徳の積み方が違うので、生き方や考え方にも違いが出てきます。

物事の在り方について、私はよく「因・縁・果（いん・ねん・か）」といっています。物事にはすべて原因があり、結果があるので、私たちはその結果から魂の学びを深めていかなくてはなりません。それなのに、ともすると人間というのは結果ばかりを見て、物事を判断しがちです。

たとえば、いろいろなトラブルに巻き込まれて困っている人を見た時に、あなたは「不幸ばかりで大変そうだな」と思うかもしれませんが、そうした結果はその人自身がつくっているわけです。不幸になる結果の原因を本人がつくっているのです。それにもかかわらず、なぜかみんな原因を見ようとせず、結果ばかり見て「かわいそう」「大変そう」などということです。

そうではなく、その人が自己責任からそういう結果を招いていることに気づき、そこから自分は何を学び取ればいいのかまで見通せるようになったら、その人の魂はだいぶクリアになってきたといえるでしょう。

◆徳を積む人にはご先祖からの応援が入る

実は、一日一善をして徳を積んでいる人というのは、ご先祖様からの応援が非常に多いのです。ご先祖様からの応援をもらえるかもらえないかは、その子孫である人たちが何をしているかにもよります。ご先祖様たちが応援してあげたいと思えるようなことをしていれば、必ずサポートが入ります。なかでも、人のために何かをしたいという心持ちで動くことは、ご先祖様たちもちゃんと見ていてくれるのです。

ご先祖様たちだって、ものすごくたくさんの子孫がいるわけです。そのなかでも「ああ、この子はいい働きをしているな」と見守っていただくためには、一日一善をするのが一番の早道になります。ご先祖様たちが放っておかないので、自然にいろいろなサポートを受け取れるのです。そういう人たちは、オーラがきれいに輝いているのでわかります。

逆に、妬みや恨み、怒り、敵対心、不安などでいっぱいの人たちは、人のためになんて動けません。そして、そういう人たちはオーラがくすんでいます。テレビで芸能人の方々を見ていても、本当にその人の努力と才能が発揮されて人気が出ている人たちは、とても輝いて見えます。けれど、裏で取引をしたり、薬を使ったりしているような人たちは、オーラがものすごくくすんでしまっているのです。

カウンセリングでは仕事の悩みをお持ちの方も多く、「この仕事で成功しますか？」「この仕事をしていれば運は良くなりますか？」というご相談が少なくありません。けれど、どんな仕事でも自力本願で一生懸命にやっていて、ご先祖様たちからのサポートが強ければ、自ずと成功していきます。そういう方々は、自分が成功するかどうかを私に聞いたりせず、ご自身のやるべきことをただ黙々と続けておられることが多いのです。

一方、この仕事で成功するかどうか知りたい方というのは、どこか気持ちが後ろ向きになっていたり、不安があって誰かに頼りたくなっていたり、自分に力を与えてくれる人を求めていたりするわけです。いってみれば、他力本願になっているのです。

そうなるのが悪いということではありません。そこで、自分が他力本願になって弱っていることに気づき、どう気持ちを立て直していくかが大事になります。この時点で、自分はなぜその仕事をしているのか、人のためにどんなことができるのかといった視点を持ち、気持ちを自分自身で変えていかなくてはなりません。仕事で成功する・しないというのは、その人自身の気持ちが一番大きく作用しますから、この点についても皆さんに気づいてもらいたいと思います。

◆「一日一善」の機会はあらゆる場面にある

東京に出てきてとても驚いたのが、目の前で誰かが転んでいようが、倒れていようが、みんな見て見ぬふりをして通り過ぎていくことでした。たとえば、東京駅の八重洲口で誰かが倒れていたとしましょう。そこにあなたが遭遇したということは、実は何か意味があるかもしれないということなのです。

考えてもみてください。東京駅には八重洲口のほかにも丸の内口、さらに中央口、北口、南口などの出口があります。にもかかわらず、八重洲口で倒れた人にあなたが遭遇したということは、何かしらの意味があるということです。霊的視点からしたら、世の中には意味のないことは何一つありません。

倒れている人を見たというのは、その時にあなたがどう動くかをご先祖様たちに見られているのです。見て見ぬふりをして足早に過ぎていくか、それともそばに行って助け起こしてあげるか、駅員さんに倒れている人がいることを伝えるかなど、その場でできる一日一善は必ずあるはずなのです。

幸せになりたければ、そのようにして目の前で起こることにもアンテナを立ててみてください。たとえばエレベーターに乗った時、杖をついたおばあさんが一緒に乗っていたとしましょう。そんな時、あなたはどうしますか？

扉が開いたらおばあさんに「お先にどうぞ」と声をかけ、扉が閉じないようにおばあさんが降りるまでボタンを押していてあげるのも一善でしょう。駅の階段で、一人でベビーカーを抱えて降りようとしているお母さんに「お手伝いします」と言って一緒に持ってあげたり、目が不自由な人が駅で困っていたら「どうかされましたか？」とそっと声をかけてあげたりすることも、日常多く見かける出来事であり、一日一善の機会を得ているということです。

たとえそこで「ありがとう。大丈夫です」と言われたとしても、そうやって相手を思って自発的に動いたことが、もうすでに一善になっています。そう考えると、一日一善というのは、いろいろな場面で遭遇できると思いませんか。ぜひ視野を広げて、人のためにできることを毎日行うようにしてみてください。あなたのそうした行動は、必ずご先祖様たちが見守ってくれています。

◆本来の生き方からズレると占いも外れる

私たちは一人ひとり、自分の人生のテーマというものを持って、この世に生まれてきています。それを知る情報の一つとして、四柱推命や西洋占星術など、いわゆる占いといわれる統計学があります。それによって導き出されたものをみて、「わあ、当たっている！」「全然当たっていない」と皆さん一喜一憂されますが、その視点を少し変えてみませんか。

「あの占い師は当たる」「この占い師は当たらない」という見方をするのではなく、自分の生き方が統計学のデータに沿っているか、外れているか。そして、それはどういうことなのかという視点を持ってみてはいかがでしょうか。

統計学、つまり占いによって書かれていることに、ご自身がちゃんと沿って生きていたら、自分は人生のテーマに沿った生き方ができているのだと思い、占いが外れていると感じたら、自分が人生のテーマから外れたことをしているのかもしれないと思って内省する時間を持つ。こうした姿勢で占いと向き合ったほうが、自分をより幸せにしていくことができます。

自分が決めてきた魂のテーマに沿った生き方をしているか、していないかも、自分の責任です。テーマに沿った生き方をしているのであれば、そのまま精進されていけばよいですし、もしテーマから逸れてしまっていると感じたら、そこから軌道修正すればよいだけです。占いというものを「当たった・外れた」ではなく、自分の生き方を振り返って見つめ直す一つの指針として捉えてみると、あなたの人生はより深い意味を持つものになるでしょう。

◆双子でもテーマが違うと生き方も違ってくる

以前、双子の兄弟がカウンセリングにいらしたことがあります。お二人は同じ誕生日の同じ時間に生まれていましたが、性格は真逆だったのです。けれど、四柱推命で占ってもらっても、西洋占星術でみてもらっても、二人とも同じこととしか言われない。それで「こんなに違うのに、なぜなのでしょうか」と私の元にいらしたのです。

統計学でみればまったく同じであったとしても、人間には魂があり、過去世があり、過去の全経験が今世に生かされて、人生のテーマとなっています。ですから、双子であってもまったく同じ人生というのはあり得ないのです。

この双子の兄弟の場合、弟さんは勉強もスポーツもできて性格も明るくみんなの人気者で、お兄さんはスポーツもそんなに得意ではなく、性格も静かだったので、「弟と比べて自分はだめだ」という思いが強かったようなのです。

この時ものすごく印象に残ったのは、弟さんがお手洗いに立った時、お兄さんが声を潜めて「弟がいなかったら僕の人生はもっと輝いていましたか？」と言ったことでした。兄弟姉妹がいるメリットも多いのですが、こういうデメリットも生じます。つねに家庭内に比較対象がいるため、「お兄ちゃんは何でもできるけど、どうせ自分は……」などとひねくれてしまうことが非常に多いのです。これは兄弟、姉妹、兄妹、姉弟など、どんな組み合わせでも起こりうることです。

そういう人たちに伝えたいのは、「あなたが目の前にいる人を羨むということは、あなたもそういうふうになれるということ。ただ、今はまだそこまで達していないから、その人を羨ましく思うだけなんですよ」ということです。

たとえば今、あなたは総理大臣を見て「あの人みたいになりたい」と思いますか？　ものすごい収益を上げている会社の社長さんで毎日お金を配っている人を見て「私もああなりたい」と思いますか？　そう思う人たちは少ないと思います。

本質的に人間というのは、心の中にこうなりたいという願望があり、それにまだ自分がたどり着けていない時に、羨ましいという気持ちが湧いてきます。ですから、本来の自分とものすごくかけ離れている人に対しては、羨ましいという気持ちすら起きないのです。

つまり、羨ましく感じたり、「この人がいるから自分は輝けない」と思うような人が目の前にいたりする時というのは、「あなたもそういうふうになれるんだよ。だから頑張りなさい」と、見えない世界の存在たちに、あえてそういう人を見せられているということなのです。

このことを双子のお兄さんにもお伝えしたのですが、その後、どうなったと思いますか。彼は毎日、弟に「ありがとう」と伝えてコミュニケーションを取るようにしたのです。毎日弟の手に触れる、肩を揉む、背中をさするなどして触れ合ううち、どんどんと意識が変わっていったそうです。その後、二人で共同経営者になり、会社を立ち上げたのですが、この時に弟がお兄さんに向かって「今まで僕ばかり日が当たるところに立たせてもらってきた。だから今回は、お兄ちゃんが社長になってくれ」と言ってくれたそうです。今ではお兄さんが社長で、弟さんが専務になって、順調に会社を運営しています。

お兄さんがご自身の本来のテーマに気づき、弟をただ羨むのではなく、自分もそんなふうになれると信じて弟を大切にした結果、ご先祖様たちからこうしたサポートを得られたわけです。

◆「話し上手」よりも「あいづち上手」になる

人が話している時のあいづちには、相手を不快にするやり方と、気持ちよく話させてあげられるやり方とがあるのをご存じですか。あいづちというのは、ただ「うん、うん」とやっていればいいわけではありません。そこに相手の話を心から聞こうとする姿勢があるかどうかが重要になります。

そのため、あいづちの打ち方を見ているだけで「あ、この人はこの話には興味がないんだな」「この話はものすごく興味があるのだな」ということがわかります。あいづち一つにも、その人の心の視点が表れるのです。

営業職やサービス業の方からはよく「あいづちを上手に打つにはどうしたらいいですか？」と聞かれるのですが、一番は相手のペースに合わせること。相手がゆっくり話しているなら、こちらもゆったりと「そうですね」と合いの手を入れたり、ものすごくノリにのって話している時は「へえ」「すごい」など、テンポを少し早めにして言葉を挟んだりするといいのです。

世の中には話し上手な人がいますが、上手に話せるようになるのは、場数を踏めば誰でもある程度までなれます。芸能人の方でも、喋るのがうまい人は多いですよね。ただ、話すのが上手なのと、コミュニケーションを上手にとれるということは別の話。話し上手でも人とコミュニケーションをはかるのは下手という人も多いのです。

一方、あいづちが上手な人は、基本的にコミュニケーションをはかるのも上手です。スピリチュアルな観点からいうと、話し上手な人よりあいづちがうまい人のほうが、魂の年齢は高いのです。相手のペースに合わせながら「うんうん」「それはすごい」など、あなたの話をもっと聞きたいという気持ちであいづちを打っていけば、気持ちよくしゃべってくれますし、あなたも相手のことをより深く知ることができます。そこからさまざまな可能性が広がっていくことが多いのです。あいづち上手になっていろいろな人と気持ちよくコミュニケーションがとれるようになると、それだけ幸せを引き寄せる力も強くなっていきます。ぜひ試してみてください。

◆「褒める」「叱る」で人生は180度変わる

叱るというのは愛がないとできません。怒ることは感情的に誰でもできます。けれど、叱ることはある程度愛がなければできないのです。けれども最近は、「部下を叱ると辞めてしまうから」「叱って反抗されるのも面倒くさいから」などと、叱ることに苦手意識を持っている方が多く、「叱るより、褒めたほうが伸びるかもしれない」と、褒めるほうに意識をシフトされている方も多いようです。

けれど、叱るだけでもだめですし、褒めるだけでもだめです。どちらかだけやろうとするから、人を育てるのに失敗してしまうのです。そうではなく、叱って、その後にフォローを入れて褒めること。そうすることで、叱られた本人の気持ちが１８０度変わり、態度や人生までも変わることだってあります。

相手のことを叱ったっていいのです。その後に、「なぜそんなふうにあなたに対して叱るのか。あなたにはこんなにいいところがあるのだから、それを潰さずに伸ばしてほしい。そんなあなたを育てたいと思っている。だからこそ、叱っているんだ」などとアフターフォローができてこそ、叱った意味が相手に伝わるのです。

これができていない方が多いのですが、こうしたことは家族関係にも影響を与えています。「そんなことしちゃだめ」「勉強しなさい」と叱ってばかりでそのままにしてしまうから、相手の心が離れてしまうのです。叱った後は「あなたに対してこういう気持ちがあるから叱ったのだ」としっかりアフターフォローして、「じゃあ、おいしいものでも食べに行こうか」などとメリハリをつけていけば、叱った内容も相手にとっては納得できることとして受け入れてもらえるようになります。

親子、夫婦、上司と部下、先生と生徒など、人を育てるという点においては、同様の意味を持ちます。たとえば、子どもが生まれない夫婦の場合、奥さんが旦那さんを育てるというテーマを持っていたり、その逆に旦那さんが奥さんを育てるというテーマを持っていたりする場合もあります。そういう関係性においても、褒めると叱るは大事なポイントとなります。

◆叱ると褒めるは8：2の割合を心がける

叱るだけ、褒めるだけではバランスが悪く、こちらの思いも相手に伝わりづらくなってしまいます。私の場合、叱るところでしっかり叱りますが、仕事を離れた場などではなるべく優しい言葉をかけたり、その人が好きな食べ物を一緒に食べに行ったりするようにしています。叱るところでしっかり叱れるのだとしたら、叱ると褒めるは8：2の割合とイメージしていただけたらと思います。

叱られることが多い中で褒められると「うわ、すごい褒められた！」というように相手の中でも気持ちにメリハリがつきます。

最近の世の中の風潮だと、叱ると辞めたり、不貞腐れたりして面倒だからということで、部下のご機嫌ばかり取ろうとする上司が増えています。そうなると、部下のほうでも上司が逃げ腰で腫れものを触るようにしてくるのをうっとうしく感じて、褒めていたにもかかわらず「辞めます」ということになってしまうのです。相手のご機嫌ばかり取って「辞めないでくれ」「辞めないでくれ」という念を送り続けると、働き手のほうが強くなってしまいます。そうすると、責任を果たしていないのに権利ばかり主張し出したりするからやっかいなのです。

そうではなく、叱ると褒めるを８：２の割合で行うように心がけ、相手と関わるのを面倒くさがらずにいれば、部下や後輩はそうそう辞めません。スピリチュアルな視点でお伝えすると、魂というのはこの肉体をまとっているからこそできるさまざまな経験を欲しています。その中には、叱られることも入っています。叱られるという経験を積みたいと思って生まれてきている魂もあるのです。

だんだん子どもが叱られない世の中になって、守られる世の中になっています。それはいい面もありますが、悪い面もあると感じています。褒められるのが当たり前になると、その人の心の中から感謝の気持ちが消えていくからです。そうなると、人をなめてかかるような人間になってしまいます。そういう人間をつくらないためにも、8：2の法則を覚えておいてください。できれば、家族や会社などで試してみてください。また新しい関係性を築いていけるはずです。

◆応援される経営者がやっていること

応援される経営者がやっていることには、三つの共通点があります。一つは部下や家族や友人など、自分の周りの人たちの変化をちゃんと感じていること。部下の誕生日にはお祝いの言葉を伝えたり、髪型が変わったらすぐに一声かけたり、体調が悪そうだったらすぐに気づいてサポートしたり。自分のためにではなく、部下や周囲の人たちのことを思いながら、そこにアンテナを立てている経営者には、ちゃんと応援してくれる人がついています。結局、人間関係が仕事をつくるので、こういう人が経営している会社は順調に成長していきます。

二つめは経営者のほうから周りの部下たちに声をかけていること。「最近調子はどう？」

「あの案件はすばらしかった」など、経営者自身から声をかけていることが大切です。この時、成功している経営者は、部下の名前をちゃんと呼びます。「田中くん、最近仕事のペースが上がっているね」「山田さん、今月も丁寧に仕事をしてくれてありがとう」など、ちゃんと相手の名前を呼ぶことで、部下たちは社長に対して親近感が湧きます。そうして、「この会社のために頑張ろう」というモチベーションアップにもつながっていきます。

成功している経営者は社員の士気の高め方や部下たちへの目標の持たせ方がとても上手です。そして、社員が辞めない会社づくりというものを着実にされています。

ある社長さんは部下を「Aくん」「Mさん」などのアルファベットで呼んでいました。以前、その人に「なぜアルファベットで呼ぶのですか？」と聞いたら「覚えるのが面倒だから」というのです。こういう会社は羽振りがよい時期があったとしても、そう長続きしません。名前というのはその人が生まれた時に授かった大切なもの。それを粗末にするような経営者が人から応援されるはずがないのです。

三つめはスピリチュアルな話になりますが、お稲荷さんを祀っていること。会社の屋上など、「なぜ、こんなところに？」と思うような場所にお稲荷さんが祀られているのを見たことはありませんか？　基本的に成功している人の後ろには、お稲荷さんがついていま す。お金や人間関係を大きく発展させるために、お稲荷さんは大きな力を貸してくれるので、成功している会社の経営者の背後にはお稲荷さんが見えることが多いのです。

お稲荷さんというのは、経営者と一緒に行動し、経済的にも豊かにしてくれますし、人間関係でも素晴らしいご縁を結んでくれます。そんなサポートに対する感謝の気持ちとして、10年に一度お社を大きくしていきます。ですから、最初に御霊分けしていただくものは小さなところから始め、10年ごとに少しずつ大きくしていくのです。

私が伏見稲荷から御霊分けしていただいた際、箱のようなものに御霊を入れていただき、巫女さんの舞いなどいろいろな儀式を経て、我が家にお迎えしました。そこから10年ごとにお社を大きくしていくわけですが、それだけ真心をもってお稲荷さんを祀れるかどうかが非常に重要です。これをしっかりやっているところは、本当にお稲荷さんのご加護を受けています。

私が知っている経営者の中でも「だからこの人の会社はうまくいっているんだな」と思うところはちゃんとお稲荷さんを祀って、月に1回、社員と一緒に参拝に出向いていたり、年末年始に参拝したりしています。そうやってお稲荷さんを介して部下とコミュニケーションを取っている会社は、みんなが同じ目標や信念を掲げていたり、向いている方向が一緒だったりするので関係性がとてもしっかりしているのです。

お稲荷さんの場合、お祀りごとをきちんとやるかやらないかで、結果が白黒はっきり出ます。ちゃんとやれば、それこそ光り輝く太陽になってくれますし、ほったらかしにしていたらグレてしまいます。

よくあるのが、親はお稲荷さんを祀っていたけれど、子どもの代になってからは一切お祀りしなくなったケースです。この場合、二つパターンがあります。一つは、親の代でお稲荷さんの災いを見たから、子どもとしては怖くてもう祀りたくないというパターン。実はこうした場合の相談というのも、私のところにはよくきます。

もう一つは、お祀りしたいけれど、そのための環境がないというパターン。岡山県の実家で祀っていたけれど、自分は東京で仕事をしているのでお世話ができない。または、遠方に嫁ぐことになったり、結婚相手が理解してくれないのでもうお祀りできないということもあります。こうした場合、お稲荷さんをきちんと供養し、順序だててお礼をしてあちらの世界にお戻りいただくという手順を踏めば、さわりが起こることはありません。

けれど、初代社長がお稲荷さんをお祀りして会社を大きくしたけれど、二代目社長が「うちはそんなことに頼らないから、もう戻ってもらいたい」という場合は、要注意です。初代から二代目社長に会社が渡るまでの間、お稲荷さんは大きな働きをしてくださったのに、急に「もういらないから、さようなら」とするその人間の心に、お稲荷さんの怒りが向きます。命をなくす危険もあるので、お稲荷さんをお祀りしている方々には、くれぐれもその扱い方に気をつけていただきたいと思っています。

◆嫌な上司は自分を映す鏡

自分の目の前で起こること、自分が出会う人というのはすべてが必然なので、あちらの世界の人たちから「そこから何かを学びなさい」と言われているのです。もし、あなたが今、会社に大嫌いな上司がいたとしたら、それすらも魂の学びに通じています。そういう上司を目の前にして、その人から何かを学ばないといけないから出会っているわけです。

そういうチャンスがあることに気づかず、「上司が嫌な人だから」と転職を繰り返す人がいますが、そういう人は違う職場に行っても、同じような人間関係に悩み続けます。なぜなら、違う職場にもかかわらずいつも現れる嫌な上司というのは、その人が乗り越えなければならない鏡だからです。

同じようなパターンで何度も現れる問題というのは、そこから逃げれば逃げるほど問題が大きくなり、苦しさが増していきます。最初に問題が起きた時に自分と向き合って解決していれば簡単にクリアできた問題も、何度も繰り返すごとにこじれていき、結局問題をクリアできなくなってしまったという人たちを、今までたくさん見てきました。

嫌な上司ほど自分を映し出す鏡です。そうお伝えすると、「そんなことは信じられない。だって悪いのは上司だもの」「あんな最低な上司が私を映し出す鏡？　そんなの絶対受け入れられない」とおっしゃるクライアントさんもいます。

けれど、ちょっと考えてみてください。あなたはそんなふうに人を批判できる人間ですか？

あなたも未熟、上司も未熟、もちろん私だってまだまだ未熟です。けれど、だからこそ肉体を持って生きていて、魂の学びを続けているわけです。人間というのは本当に未熟者の集まりで、１００％良いところばかりで純粋な人なんていません。

ですから、目の前にある出来事や出会った人たちとの間にある問題をクリアしながら、魂を磨いていくしかないのです。嫌な上司と出会ったのは、自分の短所を磨いて長所に変えていくためのレッスンです。嫌な上司と出会った時ほど、自分の問題をクリアにするチャンスが来たと思って、そんな自分と向き合う努力をしてほしいと思います。

スピリチュアル・カウンセリングでも、「会社に嫌な上司がいて、本当にもう嫌なんです。どうしたらいいですか？」という方々には、「そうですか。では、嫌な上司ほど自分からコミュニケーションを取ってください」とお伝えしています。

自分から一生懸命コミュニケーションを取っているうちに、必ず向こうの態度が変わります。「おはようございます」という挨拶から始めるのでもいいのです。目を見て笑顔で「ありがとうございます」と言ってみるというのでもいいのです。そうやって自分からコミュニケーションを取ることで、人間関係がものすごく変わったというクライアントさんはとても多いです。

それなのに多くの方々が、その真逆をやっています。嫌だから関わらない、喋らない、目を合わさない。だからお互いに理解し合えないですし、人間関係の問題を解決できない人が多いのです。

◆仕事の人間関係からは逃れられない

人間関係といっても、恋愛、仕事、家族などいろいろなジャンルがあります。この中で、切っても切れない、逃げることができないのはどのジャンルだと思いますか？

答えは、仕事です。恋愛だった場合は別れればいいだけですし、家族の場合は嫌なら距離を取ればいいわけです。けれど、仕事というジャンルの人間関係だけは、別れたり、距離を置いたりすることができません。

そして、そこを辞めても同じような人間関係をたどることになります。ですから仕事というジャンルだけは他と違い、人間関係から逃げることができないのです。お金を仕事で得ようと思ったら、誰かと接しない限りお金は得られません。

それだけ仕事というジャンルは人間関係が濃縮された環境といえます。仕事が楽しいかどうかを決める大きな要素は、人間関係がうまくいっているかどうか。仕事が楽しくないという人は、大抵人間関係がうまくいっていません。そこを改善するには、相手が変わるのを待つのではなく、自分からコミュニケーションを取って、その人との関係性を楽しむという努力が必要になります。そんなふうに人と向き合う努力ができるのも、仕事ができるからこその醍醐味といえるでしょう。

仕事が嫌で嫌で仕方がないという人には、カウンセリングでは「お給料は我慢料です」とお伝えしています。「よくエゴを抑えて我慢しましたね。お疲れ様です」という我慢料の対価としてお給料をいただいているのです。このエゴというのは「あの部長は本当にムカつく！」「なんであの子はこんな簡単なこともミスするんだ」「経理の○○さんの香水が臭くていやだ」など、あなたの中に上がってくるさまざまな思考のことです。これを一つずつ我慢して、社会人としてやるべきことを会社でやっている。お給料というのは、そんなあなたに対する我慢料と考えたらいかがでしょうか。

けれど、大抵皆さんはこうおっしゃいます。「それにしては安すぎる」「あそこの会社に比べてうちは……」

では、考えてみてください。あなたは会社が発展していくためにどれだけの努力や働きをしているでしょうか。ご自身の権利は主張するけれど、その義務をきちんと果たしていない人が多いように感じます。この義務の中には、嫌な上司との人間関係を見つめ直し、そこからの学びを得て、人間としての成長を遂げるということも含まれています。だからこそ、嫌な上司が現れた時は、成長できるチャンスと捉えて、ご自身そして嫌な上司と向き合ってみてください。この問題をクリアすれば、あなたはまた一つ大きな幸せを感じられるようになります。

◆「親との関係」……介護も認知症もすべて生きている証

介護における関わりというのは、親との関係を見つめ直す最後のチャンスになります。認知症の介護は大変ですが、スピリチュアルな視点を入れると、その人がなぜそんな言動を取るのかがみえてきます。たとえば、夜の徘徊が多い人は、若い時に家から出たいと思っていたり、旦那さんが厳しくていつも家を出たいと思っていたり、子どもの頃遊びに行きたいのに行かせてもらえなかったりしていたということです。そういう人ほど、夜の徘徊を繰り返します。

また、何でも食べてしまったり、誤飲したりする人は、昔からいろいろなものを食べたかったけれどさせてもらえなかったり、食うに困った経験があったりする場合が多いです。暴言を吐く人は、昔から言いたいことをずっとためてきています。

認知症というのは、その人の生き様が影響していますが、中でもその人が歩んできた過去の部分があぶり出されてくることが多いのです。

以前、こういうクライアントさんがいらっしゃいました。義理の母の認知症のお世話を一生懸命していたのに、ある日突然「あの女はうちのお父さんと寝ている」とののしられたというのです。お義父さんももう90歳近く、そんなことはもちろんないのですが、お義母さんにとっては、そんなふうに感じられたのでしょう。

きっとお義母さんは昔から「浮気されたらどうしよう」「女関係で何かあったらどうしよう」と思ってきたのかもしれません。そういう思いが認知症になったことであぶり出されたのです。

認知症は基本的に若い時の心の在り方がすべて出ます。前にもお伝えしましたが、霊的な法則に「因・縁・果」というのがあります。やはり原因があって、それが結果として現れるのです。そういう視点に立って認知症の親を見ると、「なんでこんなことをするんだ！」という怒りではなく、「こういう経験があったのかな」という、理解や思いやりを相手に持ってあげることができるのではないでしょうか。

「そうか。外に行きたかったんだね」「すごく、食べたいと思っていたんだね」「たくさん我慢してきたんだね」などの気持ちが新しい視点として入ると、認知症の親に対する見方も変えていくことができます。もちろんそこには、医療や介護援助をはじめとする周囲からの助けが必要です。けれど、家族としての心の視点という部分では、このように変えることで、あなた自身が楽になることもあると思います。

闇雲に徘徊や誤飲や暴言などの部分（＝結果）だけを見て怒るのではなく、なぜこの人はそうなったのか（＝原因）を知ってほしいのです。介護はとても深刻な問題でそんな単純に解決することではない。それは重々承知です。けれど、そのうえでお伝えしたいのです。

症状が落ち着いている時に、まだお話ができる方には「おばあちゃん、昔嫌なことあったの？」と聞いてあげて、「そうなんだ。それは辛かったね。でも今はみんながおばあちゃんを大事に思っているよ」などと伝えてあげてもよいでしょう。そんなふうに心が触れ合う時間が一瞬でもあったら、それはものすごく大きな親孝行になりますし、あなたにとっても貴重な体験になるはずです。

◆「子どもとの関係」……子どもは親の所有物ではない

私自身、子を持つ親なので、親として子を思う気持ちというのはわかります。けれど、親子問題で悩んでカウンセリングにいらっしゃる方の多くは、お子さんは何も悩んでいないのに、親だけが悩んでいるというパターンが多いのです。

たとえば「うちの息子はなかなか結婚しないんです。いつ結婚しますか?」。けれど、よくよく聞いてみると、息子さん自身は「まだ結婚したくない」と言っている。それなのに、お母さんのほうは自分の思いどおりにしたくて、息子の結婚を自分のことのように悩んでしまっているのです。

私は18歳を超えたら、その人の責任は親ではなく、その人自身が背負うものだと思っています。けれど、それをきちんと認識できず、18歳を過ぎたあとも子どもの責任を自分が背負い込み、子どもを自分の所有物のようにみている親御さんというのがものすごく多いです。

スピリチュアル的にみると、家庭は学校です。そこに集う家族の在り方を通して、子どもたちはこの世で生きる術を学びます。「何かしてもらったら『ありがとう』と言うんだよ」「挨拶は自分から元気よくするんだよ」「横断歩道を渡るときは手を上げるんだよ」などというように。たとえるなら、親は家庭という名の学校の先生です。子どもたちはそこから学びをスタートし、次は友達、恋人、職場の人たち、自分の家族というように、順序だてて人と触れ合うことによって、さまざまなことを学んでいきます。

そして18歳を過ぎた時点で、それまで親から守られていた部分から抜け出し、自分の責任で生きていくようになるわけです。ですから、親のほうでもいつかは子どもの人生から手を引かなくてはいけません。その目安が18歳というわけです。ここでうまく切り替えられないと、息子や娘の結婚に介入しすぎる親というのが出来上がってしまうのです。結婚する、しないは、本人の自由。それよりも、「この子が幸せに暮らせるなら、それでいい」という思いで見守ってあげたほうが、親子関係はこじれません。

霊的視点でみると、基本的に子育てはボランティアです。世の中で自立して生きていかれるようにするためのボランティア活動をあえてさせてもらっているわけです。それにもかかわらず、家を継がせる、跡取りを生ませる、この家を守らせるなどというように、目的が逸れてしまう場合があります。もちろん、その子が自ら望んで家を継ぎたい、跡取りを生みたい、この家を守りたいというのなら話は別ですが、親が強制的にこうしたことをさせると、子どもは親の所有物になってしまいます。

親の役目は、18歳までに子どもが世の中で自立して生きられるようにしてあげること。その子の幸せを願うなら、所有物にしてはいけません。

けれど、その親自体が親から「この家を継げ」と言われて育ってきていると、それが普通だと思い、わが子に対して「お前も継げよ」となってしまう。これは負の連鎖反応です。これを続けることは、末代に向けてどんどん因縁を作っているようなもの。気づいた人からこの連鎖を断ち切らなくてはなりません。

◆子育てで一番大切なこと

「三つ子の魂百まで」という言葉がありますが、小さい時からの声かけは、大人になってもその人の中に残り続けます。幼い頃から親に「家を継ぎなさい」と言われて育った人は、潜在意識の中にそれが入り込み、そこに無意識のうちに反発して実家に寄り付かなくなることも多いです。

ご相談にいらっしゃる方々の中でも、ご家族の関係がもうめちゃくちゃになっているお宅の場合、「ああしなさい」「こうしなさい」「それはだめ」「あれならいい」とものすごく厳しく育てていることが多いです。そのようにギスギスした関係が爆発して、家庭がめちゃくちゃになってしまった人を今までたくさん見てきました。だからこそ、この本を読んでくださっているあなたには、同じ轍《てつ》を踏んでほしくないのです。

親子関係を良いものに育てていくには、子どもの意見を対等に聞くということが何よりも大事になります。親に比べて肉体の年齢は25歳下、30歳下、35歳下などと子どものほうが若いかもしれませんが、魂の年齢でいうと子どものほうが親より高い場合が往々にしてあるからです。子ども自身がちゃんとお話ができるようになり、自分の意思が出始めた頃から、親はちゃんと向き合って、意見を聞いてあげてください。今、すでにもうお子さんが18歳以上という親御さんの場合はなおさらです。子どもを一人の人間として尊重し、対等に意見を交わして、お互いにとって納得のいく着地点を話し合いで探していきましょう。そうすることで親子としてお互いを選び、そこで経験しようと決めてきた魂レベルの学びを得ることができるからです。

昨今は不妊症や不育症に悩んでおられるクライアントさんも増えています。ただ、霊的な世界では、子どもとして生まれる魂というのは、自分のテーマを事前に決めて、そのテーマにふさわしい親を選んで生まれてきます。そのご家族がもつ因縁と、子どもの魂が持つテーマがマッチして初めて、子どもの魂は受肉して母親の胎内で育っていくわけです。

親は子どもを選べず、子どもが親を選んで生まれているのです。

その一方、子どもが生まれないご家庭の場合、実際の子どもを育てる子育てというテーマはお持ちでない場合があります。それよりも、ペットを育てる、生徒を育てる、部下を育てるなど、自分の子どもではない人たちを育てることで学びを深めたいと決めてきた魂もあるからです。

もし、子どもを望んでいるのにどうしてもできない場合は、背景にこうした事柄があるかもしれません。また、魂というのは今世だけでなく前世があり、そして来世へとつながっていくもの。ですから、前世では子育てしかやらなかったから、今世では子育て以外のことを楽しみたくて生まれたという魂もあるわけです。今世だけに焦点を当てると、なぜ自分には子どもができないのだろうかと悲嘆にくれてしまうことがあるかもしれません。けれど、前世、今世、来世という長いスパンで見たら、必ず帳尻が合うようになっています。ないものを数えて悲しむよりもあるものを数えて、今の自分にできることをたくさん体験させてあげてください。

第６章

運命の赤い糸は１本しかないと思っていませんか？

◆運命の相手は一人ではない

恋愛で悩んでおられる方の99%の方が、赤い糸で結ばれた相手は一人だと思い込んでいます。けれども、これは間違いです。出会いは必然で、この世の中で出会った人とはすべて意味があって出会っています。

皆さんにお伝えしたいのは、とにかくたくさんのエサをまいて、そこに集まったたくさんの魚の中から自分に一番ぴったりの相手を釣り上げて、結婚のパートナーにしていただきたいということ。ですから、最初から「この人！」と限定しないほうがよいのです。

人と人との出会いは感性の学びでもあるので、恋愛の相手は一人ではないですし、逆に出会いがないということはないのです。それなのに「出会いがない」といって嘆く人が多いですよね。その気持ちはわかります。ただ、出会いがないのではなくて、たくさんある出会いの場に気づいていないだけなのです。

「私は毎日、家と職場の行き来しかないんです」という方がいますが、それならばどこかで時間を設けて、カフェに行ったり、映画に行ったり、いつもと違うことを楽しむ機会をつくることもできるわけです。そうしたところに素敵な出会いがあるかもしれませんよね。

「一生懸命婚活しているのですが、いい出会いがなくて」という人も多いのですが、相手に対する条件を細かく決めすぎていないでしょうか。たとえば、相手の収入や年齢、容姿などに囚われすぎていると、そこにある出会いを見過ごしてしまうことが多々あるからです。

以前、こんなクライアントさんがいらっしゃいました。46歳の男性で結婚相手を探していたのですが、「パートナーは明日にでも子どもを産んでくれる人がいい」というのです。裏を返せば、結婚相手は子どもが産める人ということ。そんな基準で相手を探しているから、誰にも相手にされなかったそうです。

初婚でご自身は46歳なのに、お相手は30代がいいと言っていて、その人のところに同年代の女性がきてくれても、全然眼中にないのです。そんな状態ですから、この人には彼女ができなかったわけです。

もし素敵な相手と出会いたいなら、毎日の中ですれ違う人、席が隣になった人、目が合った人、言葉を交わした人、すべてに運命の相手というご縁があるかもしれないというくらいの気持ちで、つねに出会いのアンテナを立てておくことが必要です。

もう一度言います。運命の相手は一人ではありません。もしかしたら、電車に乗った時に前に座っていた人かもしれません。職場に来たお弁当屋さんかもしれません。どこに運命の相手がいるかはわからないのです。たくさん餌をまいて、あなたにぴったりの人を釣り上げてください。

◆ご先祖様が結婚相手を連れてきてくれた

自分にとっての運命の相手は、どこにいるかわかりません。場合によっては、ご先祖様が連れてきてくれることもあります。実は、私がそうでした。嫁と私は、嫁のおばあさんが引き合わせてくれたのです。

私はもともとサラリーマンをしていたのですが、なぜか嫁と出会った時にビンビン感じるものがありました。それからすぐ、何かの機会に嫁がおばあさんの写真を見せてくれたのですが、その時にふっと頭をかすめる感覚があったので「おばあさんはこんな人だった?」と聞いていくと、すべてが「そうや」ということだったのです。

その時すでにおばあさんは亡くなられていて、あの世の方になっていたから、こうして引き合わせてくれたわけです。ただ、私はまったく会ったことのない方でしたし、接点もなにもなかったわけですが、不思議と感覚的には知っているような気がして、頭に浮かんだことを嫁に尋ねると、すべてが当たっていたのです。

その後、私がスピリチュアル・ミーディアムとしての仕事に向かっていく時も、おばあさんがサポートしてくれました。嫁の実家の旅館を手伝っていた時、ろうそくの炎の燃え方を見て、「これはYES、これはNO」というように、あちらの世界とつながる訓練をしていた時に、おばあさんが降りてきてくれたことが何度かありました。そこで「おまえを孫娘のために連れてきた」という話をいただいたこともありました。

それまでの恋愛の中では、つき合い始めの頃に家族の写真を見せられたことはありませんでした。親の写真ならまだしも、亡くなったおじいさんやおばあさんの写真を見るというのははじめてでした。けれど、嫁はおばあちゃんが大好きで、おばあちゃん子だったので、つき合い始めの私におばあさんの写真を見せてくれていた。そういうご縁もあったのです。

おばあさんの中では、嫁と私の魂をみて、互いにいろいろな部分を補い合えると思ったのかもしれません。お互いに離婚歴がある者同士だったので、そういうところも見えたのかもしれないです。

ただ、私たちの場合は不思議なもので、お互いに「もう一緒にはいられないかな」「もうだめかな」「離婚するしかないかもしれない」と思う時があっても、何かしらのメッセージが降りてきて、「今はこうだから」「でもきっとこうなるから」「二人の関係は良くなっていくから」といわれるわけです。

けれど、その時はそんな実感もまったくありません。それでも、「二人でこんなふうに家を守っていくから」などと言われていって、だんだんとその流れが整っていったのです。1カ月、2カ月、そしてそれが1年たち、2年たつ中で、振り返ってみるとすべてが言われたようになっている。これはものすごく不思議でした。やはり、魂のどこかでお互いにマッチして、お互いを補い合う何かがあったのではないかと思っています。


出会いというのは、どこにどう転がっているかわかりません。だからこそ、目の前にいる人は、すべてが赤い糸の相手になり得る可能性があると思ってほしいのです。先入観や邪推は脇に置いて、その可能性を開いてほしいと思っています。

信じられない話かもしれませんが、この間、クライアントさんからこんな話を聞きました。その方は女性でしたが、クーラーの修理に来てくれた電気屋さんと意気投合し、プライベートでも会ってお茶を飲んだりお話をしたりするうちに恋に落ちて、ものすごくスムーズな流れの中で結婚にいたったそうです。普通に考えたら映画の世界みたいな話ですけれど、どこにご縁があるか、本当にわからないですよね。

電気屋さんがクーラーを直しに来るという出会いくらいなら、読者の皆さんも体験している人が多いのではないでしょうか。どこに出会いがあるかはわからないので、自分でアンテナを立てて毎日を過ごしてみてください。思いもよらないところから、運命の相手が出てくるかもしれません。

◆「魂の輿」には乗れない

「因・縁・果」という霊的法則のうち、結婚する時というのは、皆さんだいたいが「果」、つまり結果を見て結婚しているのではないかと思います。よく、ものすごいお金持ちの男性と、普通の家の出の女性が結婚すると「玉の輿に乗る」という言い方をしますが、端からはその部分だけ見えていても、本当はそうではないかもしれません。

たとえば、お金持ちの男性も去年までは人生のどん底にいて、お金のない辛さやお金のない人の気持ちを理解しているからこそ、そういう相手と結婚できたのかもしれません。

このように、その時の立ち位置で物事を判断すると、なかなか見えてこない部分というのがあるのです。

魂の視点に立つと、立場的な上下や年齢差、社会的な役職や名誉、お金や学歴のあるなしによる差というのはまったくありません。魂にとっては、どんな経験をしてきたかがすべてだからです。ですから、自分が魂を磨く体験を積んでいなければ、魂が磨かれた方とは出会えないわけです。人間的な視点から見た「玉の輿」はあったとしても「魂の輿」はありません。

なぜなら、魂としての経験値が違いすぎると、私たちは出会えないからです。たとえば、いろいろな本を出版することを仕事としている編集者さんというのは、さまざまな企画を立てて、その本を出すという体験をたくさん積んでいます。そうすると本を出版するにあたって、人と話していたらピンとくるような直感力だったり、この部分をこうしたらもっと面白いだろうとか、この人の考え方を世の中に広めたら楽しいだろうなとか、いろいろな思いが湧いてきたりすると思います。

どんな仕事でも同じことがいえますが、こういうことは経験を積んできているからこそ湧き上がってくるものだと思うのです。そうして経験を積んでいくのと同時に、人を見る目も養われていきます。

先代が一生懸命働いて創業し、その会社は発展したけれど、二代目の社長になってからは会社が傾き始め、三代目社長になったら潰れてしまったという話は、皆さんもどこかで聞いたことがあると思います。これは、初代社長と二代目・三代目社長とでは、魂の経験が格段に違うからなのです。初代社長は何もないところから、自分の信念やアイデアを具現化させながら、会社を興して運営してきています。けれど二代目・三代目社長の場合は、それこそ生まれた時からその状態があるわけですから、仕事や従業員に対する思いも初代とはまったく違います。

「売り家と唐様で書く三代目」という川柳がありますが、これは初代が一生懸命に頑張って財産を残しても、三代目になる頃には没落してしまい、家を売りに出さなくてはいけないようになる。ところがその売り家札の筆跡は、中国流の書体で洒落ているということ。つまり、ご先祖様が残してくれた財産を道楽者の三代目が食いつぶしてしまうということを表しています。

やはりお金を得る器がある人は、人を見る器もしっかりしています。初代の創業者もそういう人だったはずです。そして、社会的に成功する人というのは、上辺だけきれいに飾って「働くのは面倒くさい。誰か養ってくれないかしら」と思っているような女性は選びません。

また、家でゴロゴロしながら自分を磨こうともせず、「お金がない」とばかり言っている人は、魂の視点で見てもお金がある人とは釣り合わないので、玉の輿のような出会いもありません。

今は少しずつ変わってきていますが、昔はよく「芸能人と一般人は付き合えない」といわれていました。「それはなぜですか?」とテレビ関係の方に聞いたことがあるのですが、「時間が合わないから」というのです。一般の人は朝から夜まで働いて、芸能界の人は昼から夜中まで働いてとなると、生活をしていてもすれ違ってしまい、休みもバラバラだから一緒にいる時間が持てない、と。

けれど世の中には、遠距離恋愛だったり、相手の仕事がものすごく忙しかったりして、思うように会えない恋愛をしている人たちはたくさんいます。それが二人にとっての刺激になることもあれば、別れのきっかけになることもありますが、基本的にはこういう恋愛をすることにも実は意味があるのです。

このような一筋縄ではいかない恋愛をする人ほど、「相手を見極めなさい」「ちゃんと相手の本質を見なさい」という霊界からのメッセージがあるのです。生活の時間帯がバラバラだったり、住んでいる場所が遠かったり、近場にいても相手の仕事が忙しかったりすると、自分が思うようにはなかなか会えません。そうなると、ある意味その人を本当に好きと思える何かが自分の中になければ、そういう環境に耐えられないからです。

見方を変えると、こうした物理的な距離がある恋愛ほどお互いの関係性を楽しむチャンスでもあるわけです。もし、相手が転勤などで遠方に行かなければならなくなった時なども、二人の関係を見極めるチャンスが来たと思ってください。

すべて出会いは必然ですし、思うように会えない関係性も必然です。すべてに意味があります。物理的に距離がある人との恋愛を通して、自分がどんなふうに人を愛するのか、相手からの愛をどう受け取るのか。そういう体験を望んできた魂もいるわけです。けれど、私たちは魂の望みを忘れてこの世に生まれていますから、会いたいのに会えないことに不安を覚えたり、疑心暗鬼になってしまったりするわけです。そうして自分の恋愛を「苦しい……」と捉えてしまいがちですが、そこから得られるものがないかどうか、一度冷静になって考えてみてください。意外なところに宝物があったことに気づけるかもしれません。

◆期待や依存はあなたの美しさを曇らせる

今、パートナーがいなくて素敵な男性との出会いを求めている女性がいたとしましょう。そこでその人が100万円のパワーストーンを身につけて、簡単に素敵なパートナーが現れるなら、世の中の女性はみんなそれを身につけるでしょう。けれど、実際にそんなことはありませんよね。

一生懸命に自分の内面や外見を整えたうえで、それを補助するようなサプリメントとして役立つのが100万円のパワーストーンというのならわかるのですが、何の努力もせずに「これさえつけていれば幸せになれます」というのは間違いです。逆に「これさえつけていれば幸せになれるはず」という期待や依存が、あなた自身の輝きを曇らせてしまうからです。

覚えておいてほしいのですが、人間性を一番鈍らせてしまうのが期待と依存です。期待や依存があると相手次第で振り回されます。そして、相手が自分の思いどおりにならないと愚痴が出ますし、裏切られたという怒りに変わるのもよくあること。こうしたことから不幸は始まっていくので、これらの思いから行動したり、言葉を発したりするのは慎んでください。そうするだけでも、あなたの周りに幸せが芽吹き始めます。

◆口癖を変えると恋人ができる

「出会いがないんです。どうしたらいいですか?」と嘆く人ほど、「たら」「ねば」「なら」が多いです。多くの方が「○○だったら、出会えますか?」「○○しなければ、出会えませんか？」「私が〇〇なら、恋人ができますか？」と言います。

ここでちょっと質問です。あなたがもし彼を選ぶとしたら、どちらを選びますか。一人めは、「俺はこれだけやっているのに、なんで彼女ができないんだ？　もっとこうしたら、出会えるのだろうか。俺がこうなら、モテるのだろうか。そのために俺はもっと〇〇せねば！」と自分を批判してばかりの人。

もう一人は、「男のくせに変かもしれないけどディズニーランドが大好きなんだよね。彼女ができたら、いろいろ案内してあげたいな。一緒に楽しめる子だったら、なおいいな。彼女が好きなことも一緒に楽しみたいな」と楽しい夢を描いている人。

後者の夢を描く人を選ぶ女性のほうが、圧倒的に多いと思うのですが、あなたはいかがですか。恋人ができない人ほど、ネガティブな要素の言葉を使っている可能性が高いのです。そうではなく、自分の夢を語るようにしたら、それを応援してくれたり、夢を持つあなたに好意を抱いてくれたりする人が現れます。そういう人とのご縁を深めていってもらいたいのです。

また、なかなか恋人ができない人は、ありのままの自分を好きになってほしいという気持ちも強いようです。少々厳しい意見かもしれませんが、「恋人がほしい！」「再婚したい！」「運命の相手はどこにいますか？」という人ほど、「ご自身のことをちゃんと磨いていますか?」と尋ねたくなることがあるからです。

たとえるなら、自分を磨くというのは大根を調理しておいしくするのと同じこと。畑から取ってきた泥だらけの大根を洗ってきれいにして、食べやすい大きさに切って、丁寧に煮込んでおいしく食べてもらえるようにする。そうすれば、その大根料理を「おいしいね」と言って好きになってくれる人が現れます。

けれど、畑から取ってきた泥だらけの大根をそのままテーブルに置いて、「おいしいと言ってください」というのは、ちょっと違いますよね。ありのままの自分を愛してほしいと思っている人はたくさんいると思いますが、ある程度は自分を磨くということは大事だと思っています。

自分磨きというのは、料理教室に通ったり、エステに行ったりするだけではありません。もしあなたが毎回同じ美容室に行って、毎回可もなく不可もない髪形にしてもらって、毎回同じショップで可もなく不可もない服を買っているとしたら、このルーティンを崩すところから始めてもいいのです。

たとえば、結婚が決まって幸せそうな友達が行っている美容室を紹介してもらったり、その人が着ている服を売っているショップを教えてもらったりして、ちょっと真似してみるだけでも、十分にいつもと違うあなたになれるはずです。幸せそうな人をお手本にして、いつものルーティンを少しだけ変えてみる。こういうことだって立派な自分磨きになります。

このように自分自身を美しく変えていくという努力をしていない方々が多いので、ものすごくもったいないなと思うのです。これと同じように、自分の口癖も見直してみてください。いつも幸せそうな人の口癖を真似してみてもいいでしょう。それだけで、幸せが舞い込んでくる確率は高まります。

◆モテる人がやっているたった二つのこと

私が主催している婚活イベントでは、結婚する人たちが何組もいらっしゃいますが、モテる人はどんな特徴を持っていると思いますか？　人によって態度を変えない、話しやすい雰囲気を醸している、清潔感があるなど、人によっていろいろだと思いますが、私の中では次の二つが絶対的な基準だと思っています。

一つは自分から行動できる人。食事の時に大皿から人数分の小皿に取り分けたり、「こちらも食べられますか？」といって遠くの大皿を回してくれたり。そんなふうに積極的に行動できる人は、間違いなくモテていました。

二つめは、人を褒められる人。「今日は何時くらいから会場に来られていたのですか」などと聞いて「（18時15分開始だったが）18時には着いていました」と言われたら「それはすごい。時間の管理をしっかりされているのですね！」。もし「18時15分少し前で、ぎりぎりセーフでした」であれば、「ぴったりのタイミングで来られるとはすごいですね！」という言い方ができます。人のことを褒めようと思えば、実は褒めるポイントは意外とあるのです。髪型やファッションは褒めるのが難しくても、こうしたことであれば、褒めるのもそう難しくはないでしょう。

人によって態度を変えない、話しかけやすい、清潔感があるなどということは、その人の人間性を表す部分なので、最低限のマナーです。その上で、自ら一歩踏み出す行動力や発言力を持っている人が、出会いの場ではとてもモテます。

残念ながら、恋人がなかなかできないという人は、男女ともにぶっきらぼうな人が多いようです。そのために、相手の中にインパクトが残らず、次にまた会いたいという気持ちにならないわけです。自分のことを見てもらいたいなら、まずは相手の中に自分のインパクトを上手に残さなくてはなりません。そのためにも、自分から行動したり、相手を褒めたりするというのは非常に有効なのです。

裏を返せば自分から動くことができず、人のことも褒められない人は、恋人ができません。そういう人は、自己愛が強すぎるのです。そのため、なんでも誰かが自分のためにやってくれるのを待ってしまう。そうすると、恋人もなかなか現れません。

もしできたとしても、不満の連続なので、すぐに別れてしまいます。別れることになった原因は自分にあるにもかかわらず相手のせいにして、「なぜ私はこういう人とばかり出会うのですか？」という人がいますが、自分が相手に対してどのような態度をとっているのかに気づかない限り、こうした負の連鎖は続いていきます。

もういい加減、そんなことはやめたいですよね。こういう人たちは、いくら顔がよくてもあまりモテません。付き合ったとしてもすぐに別れてしまいます。その繰り返しは時間の無駄ともいえるでしょう。次に出会いの場に行かれた時には、ぜひ自発的な行動と相手を褒めることを意識してみてください。きっと今までとは違う展開が起こるはずです。

◆復縁できる人、できない人

復縁できるかできないかの違いは、自分をどれだけ分析できて、相手をどれだけ思いやれるかにかかってきます。たとえば、あなたに付き合っている男性がいるとして、もう嫌いになったのでその人とお別れすることにしたとします。もう嫌だからと振った後、次のように復縁について言われたらどう感じるでしょうか。

パターン1は「ごめん。俺、やっぱり本当にお前のこと好きだから。だからもう一度チャンスがほしい」。パターン2は、「ごめん。俺、よく考えたらこういうところが悪かった。だからお前もそう思っていたのだと思う。そこはちゃんと直して、おまえとも向き合っていきたいから、もう一度チャンスをくれないか」

どちらのほうが、復縁してもいいと思えるでしょうか。多くの人はパターン2のほうなのではないかと思います。

復縁できる人とできない人の違いは、自己分析ができるかどうかです。恋愛で大変な状況の時、多くの人がその他のことには上の空だったり、地に足がつかない状態になったりします。

そんな時でも、自分を冷静に振り返って分析し、どうしたら関係性をよくしていけるかを見極められる。そういう人であれば、復縁してもう一度やり直してみる価値はあると思います。

復縁できる人の特徴としてもう一つあるのが、思いやりを持って相手の気持ちに寄り添い、相手のことを理解しようとしているか。こうした部分もとても大事になります。

復縁できる、できないにかかわらず、スピリチュアル的にこの時ほど二人が試されていることはないと思っています。別れて物理的に距離が出たときほど、お互いの気持ちを確かめるチャンスになるからです。

基本的に復縁というのは女性が望むケースが多いです。8対2の割合で、女性が復縁を望まれます。その理由はなぜだかわかりますか。

男性が別れを切り出すときは、たいてい他に好きな人ができています。別れてもすぐ次の相手がいるわけですから、復縁など望みません。一方、女性が別れを切り出すのは、相手を嫌いになったからという場合が多いのです。ですから、女性から別れを切り出された男性が自己分析して、自分の悪かったところを直すと伝えて復縁を望むほうが、成功率は高くなります。

では、男性から別れを切り出されたけれど、復縁したい場合はどうしたらいいのでしょうか。先に申し上げたように、男性の場合は第三者が絡んで別れることが多いので、少し時間を置いてからまた連絡を取ってみるという方法が一つ。ただし、この時も自分のどこが相手と合わなかったのかを分析し、それを直してでも一緒にいたいかどうかを自分で決めておく必要があります。

もう一つ、男性の場合、好きな人ができたという理由以外では、親の意見で別れを決意したという人が意外と多いのです。彼女と自分の親を会わせてみて、「この子はだめだなと思った」というケースもよく聞きます。もし、こういうケースでしたら、自分の気持ちはきちんと伝えたうえで、その人には執着せずに無理なものは無理と潔くリセットすることをお勧めしています。

結局、価値観の違う二人が無理して一緒になっても、長い結婚生活をともに過ごすのはしんどいと思うのです。多少の譲歩はお互いにする必要があるとしても、大きな価値観の違いがある場合は、最初から一緒にならないほうがお互いのためです。それよりも、無理せず一緒にいてホッと安心できる人を見つけてほしいと思います。長い目で見ればそういう人のほうが、あなたは幸せになれるはずですから。

◆結婚はご先祖様が縁を結んでくれる

日本書紀を読むと、大和の国をつくったたくさんの神様が登場します。神々は丸く円を描くように地面に座り、これから大和の国々をどうするか話し合う場面があります。実はあの世でも、ご先祖様たちはこのようにして子孫たちの今後について会議をしています。

あなたは結婚についてどのように考えていますか。基本的に結婚というのは、お互いに相手を好きになり、人生をともにしたいと思うようになって、結婚というステージに進みます。けれど、お互いの気持ちが強くあったとしても、なかなかうまくいかないケースがあります。

実は結婚は当事者二人の話し合いだけでなく、双方のご先祖様たちの因果関係で成り立っているからです。お互いが「現世で学ばなければいけないこと」を学べる相手かどうか、そうしたところをご先祖様同士が話し合って決めています。

育った環境や習慣が違う相手と一緒に暮らすため、結婚というのは魂レベルで学ぶ課題がもっとも多く出現するため、それをともにできる組み合わせを決めてくれているのです。

ですから、この取り決めで「この二人なら大丈夫」という話し合いがなされなければ、いくら二人の気持ちがあったとしても、残念ながら結婚にはいたらないのです。

ここで考えていただきたいのは、なぜ人は生まれてくるのかということ。私たちが生まれてくる目的はなんでしょうか。もしそこに「見えない世界」からの答えがあるなら「自分自身の使命を解決するために生まれてきた」ということになります。

結婚を通して女性は母性を学び、男性は父性を学びます。もちろん好きという感情を持つことは自由であり、まずはお互いに興味を持たなければ、恋愛はスタートしませんし、その延長線上にある結婚も実現しません。奇跡とも思える確率の中で出会った二人がともに時を過ごし、愛という感情が心の中に芽生えた時、お互いのご先祖様同士がそれぞれ「子孫が魂の学びを深められる相手かどうか」を話し合います。

ところがパートナーを選んだのは自分であっても、ご先祖様が選んだ人と自分が選んだ人とでは違う場合があります。その場合、結婚生活はうまくいきません。離婚という形で破局を迎えます。いろいろな問題があったとしても、結婚生活が続いているというのはご先祖様からのサポートがあるからなのです。

人の出会いはさまざまですし、相手に抱く感情や愛情もさまざまです。「ひと目ぼれ」でも「できちゃった婚」でも「お見合い」でも、その相手と結婚できたということは、実はご先祖様同士で、すでに話がまとまっていたから成しえたことなのです。

最後にもう一度、お伝えしたいと思います。赤い糸というのは一本ではありません。あなたの周りにたくさん存在しています。そして「この人と結婚したい」と思った時は、まずは相手のご両親に挨拶に行ってみてください。そして、生きている人だけでなく、亡くなっている人にも挨拶に行ってください。ご先祖様を敬う心こそが、あなたを幸せにしてくれます。相手のご先祖様に気に入ってもらうことができたら、結婚に向けて必ず最高のサポートを受けられるでしょう。

◆「あげまん」は気質ではなく視点

あげまんというと、語弊があるかもしれませんが、いつも嫁を思い浮かべます。私が現在のようなスピリチュアル・ミーディアムとして大々的に活動できているのも、和歌山と東京に拠点を設けることができたのも、この本を出版するチャンスに恵まれたのも、間違いなく嫁という存在があったからです。

そもそも嫁が一緒になってくれた時点では、私は借金だらけでにっちもさっちもいかない状況でした。それにもかかわらず、「私があなたを日本一の旦那にする」そして「私が日本一のあげまんの奥さんになる」と言いきってくれました。そこから彼女は「とにかく旦那をよくしたい」という一心で、ここまで支えてくれました。

私はいろいろなご夫婦のカウンセリングをさせていただく中で、「あなたは自分が幸せになりたいだけですか？　それとも、相手を幸せにしてあげたいのですか？」と尋ねることがあります。なぜなら、自分が幸せになりたいという人ほど、「毎月の稼ぎはこのくらいほしい」「私のことをこんなふうに愛してくれないと嫌」「こういう場所に家を建ててほしい」など欲が尽きないからです。そして、その欲が満たされないと旦那さんに向かってものすごく文句を言うのです。

一方、旦那さんを幸せにしたいと思っている奥さんは、旦那さんに何かをしてもらうことをそこまで期待していません。たとえば、新型コロナウイルスの影響で旦那さんの月収が30万円から20万円に下がったとします。

そういう時、自分が幸せになりたい奥さんは「ちょっと、どうするのよ」などと文句を言いますが、旦那さんを幸せにしたいと思っている奥さんは「困ったね。じゃあ私もパートに出るね」もしくは「ここを節約してなんとかやりくりしてみるね」というように、なんらかのサポートをしようとすぐに動き出します。相手を幸せにしたいと思っていると、いざという時の行動力が全然違うのです。

多くの人の相談を受ける中で私が感じているのは、その人が自分にとって本物のパートナーかどうかを見極める究極の方法は、相手が病気になって寝たきりになっても介護したいかどうかです。

多くの人が、その人が元気な時の状態ばかりを見て判断してしまいますが、本当のところはその人が弱ってしまい、介護が必要になった時に明らかになります。仲のいいご夫婦に見えていたにもかかわらず、旦那さんが脳梗塞で倒れてしまってから奥さんが不倫を始めたなどという話は、実はものすごく多いのです。

もし、日頃から相手のことを本当に思って生活していたら、相手が病気になっても、コロナで収入が下がっても、不動の心で対応できるはずなのです。そうではなく、とにかく私を幸せにしてほしいという人ほど、何か不都合が起きた時にはほかの男に走ったり、相手を見捨てたりするのです。

その人の本心が明らかになる時というのは、思いもよらぬトラブルが起きた時です。何かあった時に、挙動不審になってしまうのは、相手に対する思いの中にしっかりした芯がないからです。けれど、自分の中に一本筋の通った芯を持っている人は、いざという時でも柔軟にいかようにでも対応できます。

あげまんというのは気質ではなく、こうした心の視点を持った女性のことをいいます。自分のことよりも相手の幸せを思い、そのためにどんな時でも自分が取るべき行動がすぐにわかる。そんな視点を持っている女性こそ、真のあげまんなのです。

女性というのは生命を生み出す力を持っていますし、男性とはまた違う根本的な強さを持った生き物です。体力的には男性のほうが強いかもしれませんが、本質的なところで弱いのが男性という生き物です。どちらがいい悪いではなく、そうした性別を選んできたのも魂を磨くためです。そして、現在のパートナーを選んだのも、お互いに何か学べるテーマがあるからです。

もしも今、パートナーに対して不平不満がある人は、あなたが一度でもその人を好きだと思い、結婚しようと決断したその気持ちを思い返してみてください。そして、その時の気持ちを忘れないでいてほしいのです。

一緒にいる時間が長くなるほど、相手のことを「うっとうしい」「臭い」「こんな人だとは思わなかった」などと言い始めますが、最初は違ったはずなのです。一度でも好きと思う気持ちがあり、そこにご先祖様からのサポートが加わったからこそ一緒になれたわけです。

結婚というのは忍耐の学びなので、辛いことはたくさんあると思いますが、その初心を忘れずにいてほしいと思います。そうすれば、いつか必ずお互いを「この人がパートナーでよかった」と思える日がくるはずです。

◆幸せな結婚ができる人の条件は？

世の中には結婚したくてもできない人がたくさんいます。出会いがなかったり、経済的な事情だったり、家族の事情があったり、理由はさまざまです。

そういう中で、ご縁があって出会い、自分も相手を好きだと思い、相手も自分を好きだと思ってくれるということは、実はものすごく幸せなことなのです。ところが一緒にいる時間が長くなるほどに相手のあらが見えてきて、不平不満ばかり言っていませんか。そういう時ほど、その人と出会った時のことを思い出して、初心に帰ってほしいのです。

そして、相手に対する感謝の気持ちを持ってみてください。「は？　私のほうが感謝してほしいくらいよ」と思う人もいるかもしれませんが、自分自身が幸せになるためだと思ってやってみてください。

たとえば、毎日朝から晩まで会社に行って働いてきてくれること。そして、ちゃんと家に帰ってきてくれること。大きな病気もせず何十年も家族を養ってくれていること。家族がやりたいことをするためのお金を出してくれていること。雨露しのげて屋根がついている家をずっと提供してくれていることなど、見方を変えることでパートナーに対する感謝の気持ちというのは、いくらでも湧いてくると思うのです。

そうした感謝の気持ちを、ぜひ持ち続けてください。感謝が増えるほどに、ご先祖様たちからのサポートが増えてくるからです。感謝の気持ちが光となり、必ずなんらかの形で答えが見えてきます。

◆パートナーのほかに好きな人ができたとき

最近はメディアによる報道が多いので、不倫、不倫といわれるようになりましたが、これは何も最近始まった傾向ではありません。昔から不倫されている方というのは、かなりの数いらっしゃいました。

ただ、話を聞いていてすごく残念なのは、そういう人ほど家族がいること、雨露しのげる家があること、毎日食事ができること、自分の身体が自由に動くことなどにまったく感謝していないのです。そうして心の中にたくさんの不平不満が溜まって不倫に走ってしまいます。

けれど根本的には、不倫をしている方々というのは、幸せなご家族である場合が多いです。不倫が悪いというわけではありませんが、やはりご自身の足元を見つめ直して、周りにある人、もの、ことへの感謝という方向へ、意識を向けてもらえたらと思っています。

そう考えた時に思い出すのが、以前カウンセリングにいらしたある女性です。仮にこの方をAさんとしましょう。最初にいらした時、Aさんは開口一番「うちの旦那、いつ死にますか？」とおっしゃったのです。旦那さんとは性格が合わず、ご自身が不倫をしていたので、「あの人さえいなければ、今の彼と幸せになれるのに」という気持ちになっていました。

そして、こんなことをおっしゃっていました。「できれば旦那を殺したいくらいだけれど、それをしたら自分が捕まってしまうでしょう。だから、そんなことはできないけれど、本当に早く消えてほしい。食べ物に毒を入れてやろうかと思うくらい、嫌いなんです」

ところがその1年後、旦那さんが大きな事故に遭われて、寝たきりの状態になってしまいました。すると、Aさんはどうなったと思いますか。私からしたら、ご自分の思いどおりになったのだから、旦那さんのことは適当に世話をして、これからは不倫相手と楽しく過ごされるのかしらと思っていました。

ところが、そこからAさんはピタッと不倫をやめたのです。今まで毎日のように喧嘩していたパートナーが寝たきりになり、話すこともままならなくなってはじめて、旦那さんの大切さに気づいたというのです。そこからお悩みも「どうしたら、旦那は元気になりますか？」に変わりました。

今ではこれまでの罪を償うかのように、「あの時の私は弱かった。弱さゆえに不倫してしまったけれど、そんなことがなければ彼はこうはならなかった」と毎日涙しながら旦那さんの世話をして暮らしています。「そんなことはないんですよ」とお伝えしましたが、今でも彼女は十字架を背負って生きています。

そんな悲しい結果にならないためにも、皆さんにまずは身の回りの小さな幸せに感謝して、日々を生きる視点を育んでいってもらいたいと思っています。せっかくのご縁があり、ご先祖様からのサポートを得て築いてきたパートナーシップです。今一度、そこから自分は何を学べるかを考えてみませんか。

◆オーラにも不倫の様相は現れる

先日、面白いことがありました。東京でのカウンセリングの際、あるご夫婦が約束の時間より20分くらい遅れていらっしゃいました。表面上は普通にされていたのですが、お二人のオーラが馴染まず、ものすごく反発し合っていたのです。そこで、「もしかして今、けんかされてきましたか？」と聞いたら「え！　なぜわかるんですか？」とびっくりされていました。霊視でその方のオーラを見れば、今どういう状況かすぐにわかります。

嫁と町を歩いていると、たまに違和感を覚えるカップルとすれ違うことがあります。すると嫁は「あの人たち、普通の恋愛？　それとも不倫？」と聞いてきます。そこでその二人のオーラを見てみると、たいていが不倫のカップルなのです。不倫という時点で、双方、あるいはどちらかが結婚して所帯を持っているわけです。ですから、普通の恋愛をしている人たちとは、オーラの様子は違います。

基本的に不倫というのはお互いに性欲、承認欲、金銭欲など、どこかに欲が絡んでいます。それがオーラにもにじみ出て、欲に満ちたオーラになっているのです。やはり不倫している人のオーラというのは汚れています。こういうと悪くいっているように取られがちですが、私自身は不倫を否定も肯定もしていません。ただそこには、必ず自己責任というものがついて回ることは、カウンセリングでもお伝えしています。

ついでに申し上げると、「なかなか本命になれなくて。いつも2番手なんです」という方も、それがオーラににじみ出ています。そういう中でも、一夜限りの関係と割り切れる人と、一度肉体的な関係を持ってしまったら相手を本当に好きになってしまう人との違いもオーラには出てきます。やはり人間のオーラは性格的な要素を含め、その人の経験や思いが現れるもの。オーラはその人を映し出す鏡ともいえます。

ですから、不倫でも浮気相手でも、その人の行動や思いがオーラに出てきてしまうのです。けれど、人間というのはほとんどの人がどこかに黒い部分を持っています。この黒い部分こそが、その人が克服しないといけない課題です。それが異性関係だったり、自己評価であったり、お金だったりするわけです。

よく「私の課題はなんですか？」「私はこれから何をして生きていけばいいですか？」などというご相談を受けますが、それは今現在のあなたの生活の中で不具合を起こしている部分にあります。現実的にうまくいっていないところ。そこに、あなたが乗り越えなければならない課題があります。

読者の皆さんには、まずここに気づいていただきたいのです。そして、その課題を克服していくために、現実世界での行動を変えていく。実はそれが幸せへの一番の近道だったりもするのです。

◆不倫は想像を学ぶ場

結婚は忍耐を学ぶ場であり、恋愛は感性を学ぶ場です。また、不倫にも学びがあり、それは想像の学びになります。

不倫の場合は双方、もしくはどちらかに家族があります。その家族のことを想像したり、相手がどういう気持ちで自分と関わっているのかを想像したり、この関係を続けていった先を想像したりしてみましょう。そうした想像を通じて、思いやりを学ぶ場でもあります。ですから、私は不倫を肯定も否定もしませんが、その渦中にいる方々にはこうした心の視点を持つ大切さをお伝えしています。

もしかしたら「でも、旦那だけ不倫しているのに、なぜ私ばかりいろいろなことを想像して我慢しなければいけないの？」という人がいるかもしれません。でも、ちょっと待ってください。

厳しく感じるかもしれませんが、あえて言わせてください。想像の学びには「旦那さんがなぜ不倫に走ったか、想像したことはありますか？」ということも含まれます。そうなった結果の原因は、必ずどこかにあるはずです。「不倫している旦那」という結果だけみるから、おかしな方向にいってしまうのです。

もし、今あなたがパートナーの不倫で悩んでいるとしたら、そうなった原因を想像する視点を持ってほしいのです。最初は苦しいと思いますが、この視点を自然に持つことができるようになれば、あなたの魂はまた一つランクアップしたことになります。そうすると、あなた自身に幸せなことが巡ってくるようになり、自然と今持っている課題は解決していくはずです。相手のためというよりはご自身のために、今とは少し違う心の視点を持つことにチャレンジしてみてください。そのチャレンジは、決してあなたを裏切ることはありません。

第７章

幸せになれる人の習慣、なれない人の習慣

◆感謝する人しか幸せになれない

感謝する心がアンテナとなり、さまざまな幸せを引き寄せてくれます。

たとえば、こういう時ってありませんか。朝寝坊して慌てて朝ごはんを食べたらお茶をこぼしてしまい、電車に乗ったら足を踏まれ、仕事でもミスしてしまい、「今日は本当についていない」とイライラしてその日が終わってしまったというような一日。

「一日の計は朝から」「一年の計は元旦から」といわれるように、物事は最初が肝心です。これは霊的な視点から見ても正しいのです。

朝がグダグダになってしまうと、どうしてもそういう波長の出来事や人をその日一日引き寄せてしまいます。ですから、幸せに一日を過ごしたいと思うなら、朝の過ごし方がとても大切になります。

幸せになれない人は「はあ……今日も仕事か」「ああ、あの上司の顔を見るのは嫌だな」など、朝から不満が多いのです。そうして「これは嫌。あれも嫌」という気持ちのまま、せっかくの朝の引き寄せのチャンスを無駄にしています。

幸せになれる人は、朝から白湯やお茶を飲んで身体を目覚めさせ、「今日も朝起きられて幸せ」というところから一日を始めるので、幸せなことを引き寄せやすくなります。こうした感謝の気持ちを持つところから、私たちは幸せな現実をつくり出していくのです。

ここで少しイメージしてみてください。朝起きて「ああ眠たいな。仕事に行きたくないな。腹が立つな、あいつは」と思いながら会社に向かう人と、「今日も仕事ができて幸せだな。今日はどんなふうに仕事を進めようか」と思いながら通勤する人と、どちらのほうが幸せを引き寄せそうな感じがしますか。

多くの人が後者だと思うのではないでしょうか。霊的な視点から見ても、後者のほうが幸せになれます。幸せになりたければ、一日の始まりである朝から気持ちを高めてほしいのです。身体のバイオリズム的には、朝から昼に向けて徐々にエネルギーが高まり、お昼に最高の状態になりますが、霊的な観点からいうと、朝に気持ちが一番高まっているのがよいのです。

そして、よい気分の状態で「今日はこういう一日にしよう」とイメージします。「朝はこうして、お昼はこうして、夕方はこうしよう」というイメージを持つことを朝からしてみてください。そういう意識の在り方を保つことで、幸せがあなたの元に引き寄せられてきます。

ただこれはあくまでもイメージなので、9時に会社に着いて、9時半にA社に届け物をしてなど、そんなに細かくやる必要はありません。大まかなタイムスケジュールという感じでOKです。たとえば「午前中は企画書と事務処理をサクサク終わらせる。午後はミーティングと打ち合わせでいいものを生み出す。夕方は残った事務処理を終えて早めに退社する。夜は録画したお笑い番組をみよう」などというようにイメージすることが大事なのです。

もちろん、このイメージどおりにいかないこともあるでしょう。それでもいいのです。このように朝から一日をイメージする習慣をつけると、時間に追われるのではなく、時間を追っていく余裕を持つことができます。そうすることが幸せを引き寄せる力になっていきます。

◆どんよりした気持ちを一瞬で上げるには？

生きていれば、仕事でものすごく疲れてしまったり、気候の変動で体が重だるかったり、ストレスでよく眠れなかったり、晴れやかな気持ちで朝を迎えるのが難しい時があると思います。そうなると、どんよりした気持ちからなかなか抜けづらくなってしまいます。そんな時におすすめしているのは、その日一日の中で、楽しみを一つ持つことです。「22時からのあのテレビドラマが楽しみ」でもいいですし、「今日のお昼はあそこの定食を食べよう」「帰りに大好きなコンビニスイーツを買って帰ろう」「今日はデートだからとにかく夕方まで頑張ろう」でもいいのです。一日のうち、自分に何か一つご褒美をあげるという感覚で、自分が喜ぶことをしてあげてほしいのです。

ほかに、スピリチュアル的なやり方としては、水晶を枕の下に敷いて寝るというのもおすすめです。クライアントさんの中でも不眠症の方がいて、「病院で薬をもらっているのですが、だめなんです」とお困りだったのでこの方法をすすめたら、「寝られるようになりました」「薬を飲まなくても大丈夫になりました」という人がものすごく多かったです。枕の下に水晶を入れて、寝ている間に浄化してもらう状態にしておくと、一番「邪」を跳ね除けられるので、朝の目覚めも格段に良くなります。

また、丹田のあたりに水晶を置いてヒーリングするというのもおすすめです。丹田はおへそから指3本分（約5㎝）下がった場所にあります。これを寝る前と朝起きた時と一日2回やるだけでも、だいぶ体の感覚が違うと思います（いずれのやり方においても、使う水晶は4㎝以上のものを推奨しています）。

◆見えないものへの感謝

世の中には、人間のものというのは一つもありません。たとえば、木製の机があるとしましょう。結局これも天地の恵みによって生まれた木からつくられたものですし、家だってそうです。自然界のものをいただいてきて、それを活用して私たちはいろいろな道具を生み出してきました。それをどこかで勘違いし、これを所有しているのは人間だから、人間のものなのだという傲慢さをいつしか持つようになってしまいました。

けれど霊的な部分から話をすると、「この世の中に人間の所有物は一つもない」ということです。すべて自然のものを使わせてもらっているのです。目に見えないものへの感謝というのは、そのようにして私たちに日々与えられているものへの感謝ということになります。

このようにお伝えすると「目に見えないものに感謝ってどういうことですか？」とよく聞かれます。確かに、いきなり「目に見えないものに感謝」といわれても、わかりづらいですね。では、まずは目に見えるものに感謝してみましょう。

たとえば、自分のまわりには家族や恋人や友達や仕事仲間がいて、安心して過ごせる家があって、毎日できる仕事があって……など、こうした見えることへの感謝をまず感じてみてください。

大好きな恋人と別れることになったら、その人の大切さが身に染みてわかったという経験はありませんか？　いやいや通っていた職場だけれど、リモートワークになってから、どれだけみんなに助けられていたかがわかった、ということがありませんか？　気づく前までは、当たり前だったものが当たり前ではないと気づいた時、私たちは目に見えてそこにあるものへの感謝の気持ちが自然と湧いてきます。

続いて「目に見えないことへの感謝」についてご説明しましょう。これはスピリチュアル的な要素が強いのですが、自分が人間として生活できるすべてのことに対する感謝ということになります。多くの方が、実は頭ではわかってはいるけれど、心ではなかなかわかっていないのがこの部分です。

たとえば、重篤な病気にかかった人たちは、この部分が自然とわかっていくようです。病気になって身体が動かなくなったり、喋れなくなったりした人たちは、体が自由に動くこと、好きなように喋れることのありがたみが痛いほどわかっています。失ってはじめて気づくことということのは、この世にたくさんあります。

毎日を忙しく時間に追われて過ごしていると、こういうことを振り返る余裕すらなくなってしまうので、少しペースをゆるめてみてほしいのです。そうすると、なぜ自分は毎日心臓が動き、生きて動き回れて、人とコミュニケーションを取れているのか。そんなことを思う余裕も出てくるのではないでしょうか。すると、私たちは目に見えない力によって生かされていることがわかってきます。そして、このことへの感謝が生まれてきます。

きっとこの本を手に取ってくださった方の多くは、五体満足で目が見えて、耳が聞こえて、手足が動いて、自分の力で移動できる人たちだと思います。

そんなあなたに、こう問いかけたいのです。「目が見えない自分を想像できますか？」「歩けなくなった自分を想像できますか？」「自力でものを食べられなくなった自分を想像できますか？」「家族が明日死ぬことを想像できますか？」

なぜこうしたことを問いかけたかというと、これらは明日もできると約束されたことではないからです。けれど皆さんの多くは、こういうことは当たり前で、明日もそうなると思っているわけです。けれど、決してそうではないのです。こういうことを心から受け止めて感じられる人から、幸せになっていきます。まずはこうした幸せに気づけないと、それよりも大きな幸せには気づけないからです。

なかには「そんなきれいごとを言ったって、どうせ自分は幸せになんかなれない」「そんなこと言っても毎日を過ごすので精一杯だ」という方もいらっしゃいます。毎日が苦しいと、そう思ってしまう気持ちもわかります。けれど、そういう心の在り方が、さらなる不幸を呼び込んでいるとしたらどうでしょうか。幸せになるのも不幸になるのも自分次第ということを、思い出してほしいと思うのです。

◆生きているだけでありがたい

こういうことをお伝えするのは、霊的な理由以外にもう一つ理由があります。私には子どもが4人います。長男は8歳ですが、生まれつき体が弱く、2歳の時には生死の狭間で揺れたこともありました。長らく入院生活をしていて、現在も東京の大学病院に定期的に通っています。足には装具をつけて生活しています。けれど、私からすれば「この子は生きている」ということに感謝の気持ちが湧いてきます。

ほかの人たちからは「まあ、この子はかわいそうね」という目で見られることもありますが、私は息子に「生きているだけで、おまえは幸せなんだぞ」と言い聞かせています。2歳の時に死んでいた可能性だってあったわけですが、そこを助けられて今は普通に生活ができる環境になっているわけです。ところが人間というのはともすると、不足ばかり数えがちです。息子の場合は「足に装具をつけないといけないし」「太陽に当たると肌がかゆくなるし」「アレルギーがあって食べられないものがあるし」などと言いますが、「死にかけたけど、生きているんだぞ」「家に戻って自由に生活ができているんだぞ」「自分でご飯が食べられているんだぞ」ということをつねに伝えています。今では息子も自分に対して過度の期待も、自己憐憫もありません。「僕は生きているだけで幸せだ」と思うようになりました。それ以上でもそれ以下でもないわけです。赤ちゃんの時から生死の間でいろいろな体験をしてきたからこそ、そんなふうに思えるようになったのだと思います。

ただ、世の中の風潮として「生まれながらにして障がいを持っていてかわいそう」という見方があります。これに対しては、ものすごく違和感を覚えています。なぜなら、本人にとってはそれが普通なわけです。それなのに周りが勝手に悲劇のヒーローやヒロインに仕立て上げていくことがあります。そうすると本人もだんだんと「かわいそうな僕」「かわいそうな私」を採用してしまい、与えられたものの中で最大限に生きていこうという意欲を失ってしまいます。これが一番怖いことだと思うのです。

けれど、「生きているだけでありがたい」という視点が心に染み入っていれば、生きているのだから自分はこれもできる、あれもできる、あれがしたい、これがしたいと思いながら、自分の人生を開拓していくことができます。視点が変われば、心の育ち方も自然と変わってくるはずです。だからこそ、見えないことへ感謝する気持ちを忘れないでいてほしいのです。

◆人の意見で魂は成長する

物事が行き詰まった時ほど、人は「なぜ、私だけこんな不幸になるのだろう」と落ち込みます。「なぜ、こんな上司の元で働かなくちゃいけないのか」「なぜ、障がいを持った子どもを育てなければいけないのか」「なぜ、こんなに気難しい旦那の世話をしなきゃいけないのか」と。

けれど、あなたがその人と出会ったのは必然で、自分を映し出す鏡として出会っています。相手の嫌なところを見せられて、見えない存在たちから「これはあなたの中にもあることだから、気づいて変わりなさい」と言われているわけです。

人からの意見や指導というのも、これと同じような役割を担っています。あなたの魂を磨くのに必要だからこそ、その人の口を借りて、見えない世界の人たちが「もっとこうするといいよ」ということを教えてくれているのです。

ですから、「あんな上司の言うことなんて聞かない」「この子が言うことなんて信じない」「旦那が言うことなんて受け入れるものか」と意固地になればなるほど、現実は歪んでいきますし、幸せは遠のいてしまいます。

これを続けていると、同じパターンの問題からずっと逃れられないということが起こります。そして、その問題がどんどん大きくなっていってしまうのです。

本当の意味でそうした問題から逃れるには、自分から積極的に行動に移し、その現実を変えていくしかありません。嫌だなと思う上司に何か意見されたら「確かにそういう見方もあるかもしれない」と一度受け入れたり、障がいのある子どもが騒いだりしても「生きているだけでいいよね」という気持ちで寄り添ったり、気難しい旦那の要望にも「そうなんだね」とまずは話を聞いてみてはいかがでしょう。こうしたことの繰り返しで、私たちは現実の中でさまざまなことを学ばされ、魂が課題として持ってきたそれぞれのテーマを消化していくのです。

人間の中でも、頭の固い人と柔らかい人とがいます。頭の固い人は霊的視点の話をしても「死ぬのにおめでとう？　そんなの、わからない。寂しいし、悲しいじゃないか」「死後の世界なんて見たこともないから信じられない」などと言って受けつけません。けれど、頭の柔らかい人は「そういうものなのかな。確かにそういう考え方もありだよね」「見たことはないけど、死後の世界はある感じがするなあ」というように、自分が知らないことも受け入れることができます。

魂の視点からいうと、後者のように頭の柔らかな人のほうが、現世での学びをたくさん得てあちらの世界に帰ることができます。頭がかたい人のほうが、魂の視点からすると「せっかく学びを深めるチャンスなのにもったいない」ということになります。

また、人によっては「Aさんの話は聞くけど、Bさんの話は聞かない」など、相手によって話を聞いたり聞かなかったりする人もいます。実はこれも魂の視点からすると非常にもったいないことです。なぜなら魂レベルでは、自分が嫌いと思う人の話も、実は聞きたがっているのです。相手から小言を言われたり、怒られたりする体験を積みたいという魂も多いからです。

そのように本来は魂が望んでいるにもかかわらず、私たちは感情に支配されてしまい「嫌いな人の言うことは聞かない」「あの人の言うことなんか聞いてやるものか」と拒否してしまいます。そのぶん、魂の学びは停滞してしまいます。

せっかく機会をつかんでこの世に生まれ、70～80年という決まった期間の中で、さまざまな経験を積んで魂を浄化していく。そのうちの一つを体験するチャンスをみすみす逃してしまうのはもったいないと思いませんか。

そう考えると、嫌いな人からの意見であっても、どんなことを言われたとしても、魂が欲してそういう人との接点を引き寄せているわけです。そこで少し視点を変えて「それならば仕方がない。いつもとは違う方法で対処して、頑張ってみようか」と思える心こそが、魂の成長につながるのです。

◆起こっていることは魂が望んでいること

スピリチュアル的な視点でみれば、あなたに起こる出来事はすべて魂が望んだこと。魂が望んだことをすべて引き寄せているのです。それをあなたはどのように捉えますか？「ああ、もう面倒くさい」「なんでいつもこうなるの⁉」「あんな人いなくなればいいのに」とネガティブに捉えることもできますし、「わざわざ憎まれ役を買って出てくれてありがとう」「私に教えるために嫌な面をみせてくれてありがとう」「私はこれでまた一つ魂が磨かれるんだね」とポジティブに捉えることもできます。魂の成長のためには、どちらの捉え方をしたらよいか、皆さんはもうおわかりですよね。

そして、あなたの周りに集まってきている人たちは、あなた自身が出す波動に反応して集まってきています。類は友を呼ぶといいますが、本当にそうなのです。あなたの波動が低ければ、周りには嫌な人ばかりが集まりますが、波動が高ければ本当に素敵な人たちが自然と集まります。ですから、「自分を知りたかったら周りを見なさい」となるわけです。

そういう意味では、自分とまったくかけ離れた人とは出会わないということになります。それにもかかわらず、私たちは相手のことを「あの人はなんでいつもあんなことするのだろう」などと言って批判します。結局、自分がマグネットとなって周りに人を引き寄せていますから、周りのその人を批判するのは自分自身を批判しているのと同じことなのです。「あの人の無神経さが嫌」「あの人はキツイから話したくない」など思うのは「私は自分の無神経さが嫌」「自分のキツイところが嫌い」と言っているのと同じこと。そうして相手を責めるようにしながら、ずっと自分を責め続けているのです。そんなに責められていたら、魂も委縮してしまって本来の輝きを取り戻すことができません。まずはネガティブな言霊を自分そして相手に向けるのをやめて、ポジティブな言霊を活用しましょう。そこで使えるのが褒め言葉です。周りの人を褒めるというのは、自分を褒めることと一緒です。ぜひポジティブな言葉で魂の成長を促してください。

◆相手の意見を上手に取り入れるための「丹田ワーク」

それでもどうしても相手からの指導や意見をうまく取り入れられない時があるかもしれません。そういう時は、自分に対する自信が揺らいでいることが多いです。頭ではわかっていても、その場になるとなかなか相手の意見を聞くことができない時は、スピリチュアルな方法もぜひ試してみてください。

まず、丹田（おへそから指3本分下がった場所にある）をクリアにすること。人との関係性で悩みがある時は、この丹田が弱っています。ここを強くすることで自分の芯を強くし、相手の意見を受け入れられる土壌をつくっていきます。丹田を強くする場合は、腹式呼吸で瞑想をしながら、丹田が強くしっかりしていくというイメージをすること。そうすることで人間関係の「邪」を跳ね除け、しっかりとした自分軸をつくることができます。

できたら毎日の日課として、お風呂の中で湯船に浸りながら、もしくは寝る前などにやってみてください。まずは丹田に溜まっている「邪」を出す感覚で口から勢いよく息を吐き、きれいな空気を鼻から十分に吸って、口からまた丹田に溜まっている「邪」を勢いよく吐き出します。こうした瞑想を続けることで、自分の芯をきれいにすることができます。

また、先ほどお伝えしたように、ここにパワーストーンを置いて浄化するというのを併せて行うとなおよいでしょう。

◆死ぬことは本来めでたいこと

死はおめでたいこと。こういうと「なんて不謹慎な」という顔をされることがありますが、霊的な視点に立つと現世とは真逆な捉え方をしていることがわかります。死といっても自殺は違いますよ。ここは声を大にしてお伝えしたいのですが、自殺は絶対にだめです。カウンセリングでは自殺者と交信することがありますが、これまで一人たりとも「自殺してよかった」という霊に会ったことがありません。あちらの世界に行ってからものすごく大変だからです。

ただ、寿命で亡くなる場合は、霊的な視点からいうと悲しむというよりは、「お疲れさまでした」「よく修行を終えられましたね」とあの世に送り出す感覚です。実は魂の年齢が高い人、いろいろな経験を積んだ人ほど、若くして亡くなっています。

若いうちに亡くなると「まだお若いのに……」「もうちょっと生きていたら」などと思いがちですが、魂の向上が早い人ほど早く亡くなって次の転生に入ります。若くして亡くなるというのは、人間的な感覚でいえば、親不孝という見方もありますが、霊的な感覚でいうなら「もう修行が終わったのですね。すごいな。お疲れさまでした」という感じなのです。

ですから、現世では90歳まで生きているのは「長生きされて素晴らしいね」ということになるのですが、あの世からすると「あの人はまだ修行中なのね」ということになるのです。そういう場合は、90歳になって自分で自分の世話ができなくなり、人にお世話されないとわからない学びがまだあるのかもしれません。

現世とあの世は視点が真逆でなので、死ぬ時はこちらでは「悲しい。寂しい」ですが、あの世では「おめでとう」。生まれる時はこちらでは「おめでとうございます」ですが、霊的な世界では「これから大変だね。頑張ってきなさい」となります。

◆死後の世界は存在する

また、私たちが亡くなった後に行く死後の世界というものもあります。そこにはいろいろな階層があり、亡くなった人が最初に行く学校があります。亡くなった人たちはその学校に行って5歳の子も90歳の人も一緒に授業を受けます。

そこで死後の世界とはどういう場所かを学ぶわけですが、たとえばAさんが今日亡くなって、Aさんの友達のBさんが翌日亡くなって、AさんとBさんの共通の友達であるCさんが翌々日に亡くなったとします。すると3人とも同じ学校へ行きます。「Bさん、Cさん残念ですね。私も死んだんですよ」「あら、Aさんもでしたか」というように学校で会えるのです。そこで死後の世界について学んだら、今度は人間として生きていた時と同じような世界に行きます。たとえば、政治家だった人はそこでまた政治家をするわけです。そこには温泉などもあり、人間だった時と同じような世界をここで一度体験します。人間の心を浄化しきれてないので、今世で学び損ねたことをここで学び、心を浄化するわけです。

今世で子どもを持てなかったお母さんは、あちらの世界では保育士さんをしたりします。この世に生まれ出ることができなかった水子たちが集まっていて、20歳までそこで育ててもらうのです。

この世で子どもを持てなかった親はそこに行って、子どもを育てるという経験をします。このようにして、この世とあの世では表と裏が一致するようになっています。ですから、今世では「子どもを持てなくて悲しかったな」と思っていたとしても、あちらの世界では20年間子育て体験できるので、結局は一緒なのです。

子育てという体験を通じて、この世界で学ぶかあの世に戻って学ぶかという違いだけで、すべては一緒です。こちらの世界でできなかったことはあちらの世界で学び、魂の浄化の道をたどっていくのです。

私はセッションの中で亡き人の言葉を伝えますが、なかでもすごくインパクトのあるメッセージがありました。ある男性が奥さんとの関係に悩んでいらっしゃいました。離婚するかどうするか悩まれていたのですが、その男性の亡くなったお母さんが現れてこう言ったのです。「まさる（仮）、あなたは今30歳でしょう。寿命が80歳だとしても、あと50年しかないのよ。人間の世界での50年は長く感じるかもしれないけど、こっちの世界ではあっという間。いやでもいずれこっちに戻らなきゃいけなくなるのだから、今はそっちで頑張りなさい」

その男性の家族の悩みに対するアドバイスは一切なく、「いずれ死ぬのだから、今はそっちで頑張れ」というのです。私は「ん?」と思いながらメッセージを伝えたのですが、こういう言い方はお母さんの昔からの癖だったそうです。「おふくろは生きている時も『どうせ100歳までは生きられない。いずれ死ぬのだから、今は頑張りなさい』とよく言っていました」と、その男性はボロボロ泣いていました。

また、別の方のセッションでは「現世は一瞬である」「またたきのごとく一瞬である」という言葉がありました。生きていれば30年、50年という時間が長く感じられますが、あちらの世界では一瞬です。

こういう世界に生まれてきて、人間としての人生を送れている私たちは、あちらの世界では実は選ばれし者たちなのです。だからこそ、ある意味で過酷な今世を体験しにくることができているわけです。この世に生まれたくても生まれられない魂がいっぱいあの世では待っています。そういう中から選ばれて、人として命を与えられたのならば、精一杯この人生を味わってみたいと思いませんか。

◆お葬式のあと魂はどこへ行く？

仏教ではお葬式の後、四十九日というのがあります。亡くなった方の魂が四十九日かけてお世話になった人たちの家を回ると考えられているからです。私の祖父は２０２０年に亡くなりましたが、四十九日の間に三組の親族の元に夢の中で挨拶に行ったようで「おじいちゃん、来ていたわよ。挨拶に」「ありがとうって言っていたわよ」と言われました。

このように四十九日かけて挨拶回りをしたら、今度は死後の世界について学ぶための学校に行きます。この時はご先祖様だったり、周りでサポートしてくれる存在だったりが導いてくれます。

面白いもので、人間の世界とあの世というのは、意外とつながっています。よく、死後の世界をまったく信じず、亡くなったら「観音様が迎えに来てくれる」「お釈迦様が迎えに来てくれる」と思っている人がいます。そういう人の場合、死んだら観音様やお釈迦様が迎えにきてくれます。そうすれば怖がらずに成仏してくれるだろうということで、そのようにしてくれているわけですが、実際は観音様やお釈迦様に見せかけた、あちらの世界にいるご先祖様たちなのです。

◆未浄化霊は色情霊になることも

お葬式をして四十九日が済んでもなお今世に執着があってさまよっている魂を未浄化霊といいます。未浄化霊の中でも、生前に性欲が強かったりすると色情霊になってしまい、生きている人間をレイプすることもあります。ただ、やっかいなのが、色情霊とのセックスというのは一度体験すると、普通の人間とはできなくなるくらいに気持ちがいいそうなのです。そして、「あれ……夢だったのかな?」と思って、朝になると体中が痣だらけになっていたりするわけです。そういう霊の標的にされてしまう人というのは、心寂しい人が多いのですが、人間とそういう行為ができなくなるかわりに、その色情霊がやってくるのを密かに待つようになります。

実際に、そういうお悩みを持つクライアントさんの相談に乗ったことがあるのですが、これは決してよいことではないので、まずはその標的にされてしまった人を人間の世界に戻さなくてはいけません。そのために、さまざまなやり方で色情霊からの接触を断ち切っていきます。ただ、本当に断ち切れるかどうかは、その人次第です。「いつまでもこんなことをしていたらだめだ。ちゃんと人間として地に足をつけて生きないと」とその人自身が思わない限り、立ち直ることはできません。

ここまでいかなくても、「入浴中に誰かに見られている気がする」という人がいますが、そういう時は見えない存在に覗かれています。人間の直感力というのは鋭いので、その人がそう感じるなら、きっとどこかから見られています。そういう場合は、パンッと柏手を打つのが効果的です。「気持ち悪い。どうしよう」などと気弱にならず、「それ以上見るなら、お金取りますよ！（笑）」というくらい強く言ったり、柏手を打ったりしてご自身のことを守ってください。

◆自殺は「永遠の苦労」を背負い込む最悪の死に方

これまでたくさんの自殺した方々とコンタクトを取ってきましたが、一人として「自殺してよかった」という人はいませんでした。むしろ「あの時の私は弱かった。あんなことしなければよかった」「自殺して楽になることなんてなかった」と、皆さんおっしゃいます。

「自殺したらどうなるんですか?」と聞かれることがありますが、成仏せずにその場に残ることが多いです。たとえば、東京だと大きなスクランブル交差点があります。そこで信号が変わると、いろいろな人とすれ違って横断歩道を渡りますが、そこですれ違う人たちはすべての人が生きている人間ではありません。周りの人たちはみんな生きている人間だという先入観があるからそう見えると思いますが、すれ違いざまに振り返ったらいなかったというケースもたくさんあります。

私たちが人間だと思ってすれ違っている人は、実は成仏できてない霊である可能性もあるのです。スーパーなどでも、よく未浄化霊がカゴを持って買い物をしています。自分が死んだことがわかっていないので、生前と同じように買い物をしているのです。とくに自殺した人は自分の死を受け入れられないので、生きていた時の感覚のまま生活していることが多いです。

なかでも一番悪質な未浄化霊は土地についてしまう霊です。これは別名、地縛霊ともいいます。その土地や家に住み着き、そこに人が入るたびに悪さをするのです。よく「いわく付きの物件」といいますが、そういう霊が一番悪質です。そのような場所にはなるべく近づかないほうがよいですね。

もし、身内に自殺してしまった人がいるという方がいらしたら、お伝えしたいことがあります。亡くなってしまった方に向けて、「あなたのぶんも私、頑張るからね」という生きる姿を見せてほしいのです。たとえば、A子さんが自殺してしまったとしましょう。けれど未浄化霊となってどこにも行けず、ずっと家の近くをさまよっているとします。その時、「A子、戻ってきて」と家族が毎日泣き暮らすのを見ているのと、「A子、あなたは死んだんだよ。うちに帰ってきても、もういるところはないよ」と家族に言われるのとでは、どちらが家にいづらいと思いますか。

これは圧倒的に後者のほうだと思います。「もうA子は死んだんだよ。あなたのものはもううちにはないよ」などと言われたほうが「ああそうか。死んだことをもう受け入れないとだめだな」と思えると思うのです。

本当の意味での供養というのは、そうやって残された家族の人たちが強くなることなのです。お経を読んだり、祝詞をあげたりする供養のやり方もありますが、未浄化霊を成仏させるために一番いいのは、残された人たちがそれぞれの心の中でする供養だと思っています。

◆ペットは魂の浄化が早い

ペットは亡くなった後、魂の浄化が人間より早いのです。人間は基本的に未浄化であの世に行きますが、ペットで未浄化な魂というのは珍しいです。虐待で殺されたなど、よほどのことがなければペットの魂は浄化が早いからです。

けれど、ペットが亡くなった後「どうしてもこの子の物が捨てられないんです」「どうしても思い出してしまって、気持ちが前を向きません」という方もたくさんいらっしゃいます。ただ、あまりにも飼い主さんがその子のことをずっと悲しんだり、思い出したりしてしまうと、ペットは浄化が早いのに人間の念がその子の成仏を引き留めてしまいます。

かわいかったペットが、あちらの世界で幸せに楽になるためにも、飼い主さんの側でも気持ちをリセットする方向に意識を向けてほしいと思います。

また、亡くなったペットを家の庭などに埋めるというのは、絶対に避けてください。これはペットの浄化を妨げる典型的なパターンです。一番いいのはペットの埋葬業者に依頼してお骨にしてもらい、お墓に入れてあげること。そして、ペットでも必ずお葬式をして区切りをつけることが大切です。

もちろん、人間の場合でもお葬式をすることは大切です。ところが昨今は、お葬式をしない人が増えています。簡素化して安く済ませたいということで、お葬式はせずに火葬場に行ってお骨にして拝んで終わりということもあるのです。ただ、スピリチュアルな視点から言わせていただくと、このやり方は最低です。なぜかというと、お葬式というのは亡くなった本人に、「あなたは亡くなりましたよ」ということを知らせるために行う式典だからです。

体を離れた魂は空中を浮遊しています。そして、お葬式の場面を見ることで「あ！　僕の遺影が飾られている」「あら、私の娘や息子が泣いているわ」「そうか！　私、死んだんだ」というように、自分が死んだことに気づいていきます。死ぬ時というのは、周りはその人が死んだことがすぐわかりますが、案外本人はわかっていなかったりします。病死ではなく、事故死の場合はとくにその傾向が強いです。けれど、そういう人でも自分のお葬式が執り行われていくのを見ることで、自分が死んだことを理解していきます。

実際によくある話なのですが、お葬式の受付で挨拶をしたり、お香典を受け取ったりする人たちがいます。そういう中に混じって、亡くなった本人がお札を数えていたり、みんなのお手伝いをしていたりすることがあります。そういう人たちに、「あなたは亡くなって、これはあなたのお葬式なのですよ」と気づかせるためにも、宗派にかかわらずお葬式は必ずあげたほうがよいのです。

◆一人ひとりに魂の応援団がついている

グループソウルといって、私たちにはそれぞれあの世の応援団がついています。たとえば、私にはAチーム、読者であるあなたにはBチーム、あなたの友達はCチームという応援団がついているとしましょう。

私はAチームの代表としてこの世に生まれ、あなたはBチームの代表、お友達はCチームの代表として生まれました。この代表が一人ではなく、たまに二人生まれることがあるのですが、これをツインソウルといいます。

通常は一人なのに、なぜ同じグループから二人生まれる「ツインソウル」が現れるかというと、そのグループを早く浄化しなければならない時はこうしたことが起こります。たとえば、そのグループの中に人を殺してしまったり、自殺してしまったりした人がいたとしましょう。それぞれのグループをバケツの中の澄んだ水とした場合、そういう人が出たグループは水が濁ってしまいます。

基本的に私たちは魂の学びを終えてあちらに帰ると、自分が属するグループの水をクリアにすることができます。けれど、殺人者や自殺者が出てしまったグループの水はものすごく汚れてしまいます。それをなるべく早くクリアにするために、ツインソウルとして代表が二人、この世に誕生することがあるのです。

ただ、ツインソウルというのはこの世に生まれても、基本的には出会いません。もしツインソウルとして二人が会うことがあったら、それは世の中を変えるくらいの大きなテーマを持っている場合に限ります。その一番いい例が、動力飛行機の発明者であり、世界初の飛行機パイロットとなった「ライト兄弟」です。このくらいのインパクトで世の中を変えていく二人だったら出会いますが、基本的に出会うことはありません。たまに「私とあの人はツインソウルなんです」という人がいますが、正直に申し上げると、そういうことはあり得ません。

私たちはそれぞれのグループを代表してこの世に生まれてきています。さらに、各自が魂のテーマを持ってこの世に誕生しています。自分自身のテーマを学ぶためにこの世に生まれたいと望む魂はたくさんいますが、すべての魂がすぐにこの世に誕生することはできないので、待機している魂が増えてしまうのです。そういう順番をかいくぐって、私たちはこの世に生まれてきて、それぞれの魂のテーマに沿った生き方を体験しているわけです。

◆神様に応援してもらえる参拝方法

神社仏閣にお参りした際、神様と駆け引きする人がいます。「ご縁を引き寄せるためにお賽銭は5円にしよう」「今日はお賽銭を1万円にして頑張ったから神様も願いを叶えてくれるだろう」などというようなことです。

けれど、基本的にお金というツールは神仏からすると存在しないもの。あの世に行ったらお金というものは存在しません。今世で生きている間だけしか使わないツールだからです。死んでしまえば、お金の悩みなんてすべてなくなります。ですから、5円を納めたからご縁がくる、1万円納めたから願いが叶うということではないのです。また、10円より1000円入れたほうが神様は喜ぶということもありません。

むしろ、そういう気持ちで神社仏閣を参拝する人の、心の貧しさのほうが問題となります。もともと神社仏閣は自分自身を浄めたり、決意を表明したり、結果を報告したりする場所でした。昔の人たちはそのような場所として、神社仏閣を敬っていました。けれど現在は残念ながら、神様との駆け引きを行う場所になってしまっていることが多いのです。

そもそもお賽銭はなんのために使われているかご存じですか。これらは神社仏閣の維持費として使われています。お賽銭の本当の意味というのは、この場所を維持してもらうための気持ちというわけです。

「この神社はいつもきれいに掃き清められているから、この状態がずっと続きますように」という思いでお賽銭箱に入れるものであって、神様と駆け引きするために使うものではないのです。神様と上手につき合うためには、こうした心がけも大切になってきます。

お賽銭に何か意味をもたせたり、神様との駆け引きに使ったりするのではなく、10円でも100円でもいいので、あなたの気持ちから本当に払いたい金額を払えばよいのです。その時の金額は寄付と同様、その時の自分に無理なく払える額で大丈夫です。1000円は厳しくても、300円ならいける、もしくは100円ならいける。そう思える額をお賽銭箱に入れればよいのです。

また、神様のところに行って「素敵なパートナーができますように」「100万円のお金が降ってきますように」など、自分の欲からのお願い事をする人が多いのですが、これでは神様もなかなか聞き届けてくださいません。

それよりも「こうなるために私はこうしますので見守っていてください」「世界を平和にするための道具として私をお使いください」「おかげさまでこのようになりました。ありがとうございました」などというように、自分の決意表明をしたり、結果を報告したりする場所として訪れてみてください。

そして、その時に自分が支払える分相応のお金をお賽銭として預け、自分を律したい時に訪れる場所として、きれいに維持していただく。そのような循環で動くことができたら、そこに鎮座されている神様からの応援も受けやすくなるはずです。

◆喜怒哀楽は魂のご飯

魂は喜怒哀楽を学ぶために、この世に生まれてきます。あの世では食事を食べられないということも、貧乏で困るということもなく生活できます。むしろ、現世でいうような穏やかで波風が立たない幸せな生活というのがずっと続きます。人間関係でもストレスが溜まるようなこともなく、のんびりと毎日を過ごせます。

そういう中にいると不思議なもので、だんだんと「もっと苦労というのを味わってみたい」「人間関係が大変というのを体験してみたい」などと思うようになり、こちらの世界に来るわけです。

ただ、こちらの世界に産み落とされた瞬間、あの世で計画してきたことはすべて忘れてしまうので、本当はお金や人間関係での苦労を学びに来ているのに、「この人生は苦しいことばかりでもういやだ」などと嘆く人がどれだけ多いことか（笑）。

魂というのは、純粋にいろいろな経験を積みたい、いろいろなことを知りたい、いろいろな人を見てみたいという思いでこの世にやってきています。ですから、本当に嫌な人を見ることも魂にとっては喜びですし、辛いことがあって落ち込むことも魂にとっては体験してみたかったことなのです。

この世でさまざまな経験を積む中で、私たちは喜怒哀楽というのも同時に感じています。こうした感情の動きこそが、魂にとって大事なご飯であり、あの世に持って帰ることができる唯一のものとなります。

私のガイドはよく「死後の世界ではすべての魂にとって、どれだけの輝きを持っているかが重要である」と伝えてくれます。亡くなった後の魂の世界はいくつかの階層に分かれています。そして、現世でどれだけの体験を積んだかによって、上の階層に行けるか、下の階層に行くかが変わります。現世で楽をしてあまり苦労や体験を積まなかった人は、逆に死後苦しみます。現世で経験しなかったぶんをあちらの世界に行って、低い階層の世界で学び直さなければならないからです。

結局、私たちはどこかで自分が決めた魂の学びをやらなくてはいけないのです。それならば、現世で生きている間にさまざまなことを体験して魂を輝かせ、亡くなった時には楽な階層に行けるよう、今世でたくさんの学びを得たほうがいいと思いませんか。

なぜなら、先ほど申し上げたように、現世では学ぶとしてもリミットが100年ということはそうそうありません。寿命という形で学べる時間が制限されているからです。そしてこの期間にどれだけのことを体験したかが重要になります。

と同時に、魂もぐんぐん成長させることができます。けれど、あちらの世界に戻ると時間の感覚がまったく変わるので、100年か200年か、とにかく長い期間を経て、自分でやると決めた学びを終わらせなくてはなりません。だからこそ「現世でさまざまな喜怒哀楽を体験して魂を磨き、その輝きを持ってあの世に帰るほうが得策だよ」と、ガイドは教えてくれるのです。

◆幸運と不幸は「表」と「裏」の関係

生きていればいいこともあるし、悪いこともあります。結局、幸運と不幸は隣り合わせになっているもの。不幸に思えるような出来事も、実は魂からしたら幸運なことなのです。逆に自分で「ラッキー！」と思う出来事は、魂にとってはそうでもなかったりします。

ただ、ここで皆さんに強くお伝えしたいのは、不幸と思えることは「あなたを成長させる課題である」ということ。現世はトレーニングジムのようなものであり、自分自身を主体として体験しながら生きることができます。だからこそ、この世で出会う人々はすべて自分自身が引き寄せており、あなた自身を輝かせるために、あなたの人生に登場させているのです。

何を考えているかわからないパートナーでも、反抗期で言うことを聞かない子どもでも、何かとマウントをとってくる友達でも、顔を見るもの嫌な上司や家族でも、その人たちがいてくれるからこそ、あなたは自分を成長させるために、お金で買えない経験を積むことができるのです。

こうした出会いによる経験は、魂にとっての栄養となり、その成長を促してくれます。私たちはそうしたことを通して、魂の学びを深めていきます。

これまでを振り返っても、「あの時ああいう不幸があったから、今の幸せがある」と思える出来事というのはありませんか。人によっては「中学受験で失敗したからこそ、本当に自分に合う高校・大学に進学でき、自分の適性を最大限に伸ばせる仕事がみつかった」「モラハラの旦那の元から逃げ出してシェルターに住みながら母子家庭として頑張ってきたけれど、今は子どもと二人で穏やかな生活ができて幸せ」「結婚式の当日に相手が逃げ出し、もう立ち直れないと思ったけれど、今はパートナーとペットと過ごす海辺の暮らしが最高」などということもあるでしょう。要するに不幸も幸運も表裏一体。本当に「禍福はあざなえる縄のごとし」なのです。

不幸というのは、なぜ不幸なのでしょうか。これはカウンセリングでもよくお伝えしています。「不幸というのは、自分で自分のことをかわいそうと思うことなのですよ」と。

たとえば、恋人に振られたとしましょう。「私、なんで振られたんだろう。何が悪かったんだろう」というのは自分で自分をかわいそうに思っているからで、この状態を長く続けると余計に不幸になっていきます。逆に「あーあ、振られた。私、アホみたい。でもまあいいか。また誰かを好きになれば」という気持ちであれば、自分で自分をかわいそうとは思っていないので、不幸にはならないわけです。

不幸と思う出来事も、実は自分の心が決めているということがおわかりいただけたでしょうか。

第８章

あなたの人生に訪れる神様からのメッセージ

◆人生がうまくいく「直観力」の磨き方

いろいろな方に「直観力を磨くにはどうしたらいいですか？」と聞かれることがありますが、その際には「想像力を磨いてください」とお伝えしています。

最近は個人主義というか、自分は自分、他人は他人という考え方が強く、思いやりに欠けている人が増えている気がするのです。相手の立場に立って想像する力が乏しいともいえるでしょう。

直観を磨くために、私が一番好きな言葉は「気を使わせない生き方」です。たとえば、「○○さん、体調悪そうですが大丈夫ですか？」と声をかけられたり、ご飯などを食べに行った時に誰かが「あ、私やりますね」と大皿の料理を取り分けてくれたり。こんなふうに相手に気を使わせた時点でだめなのです。

この逆で、相手に対して気を使わせない生き方ができるというのは、ほんとうにすごくできた人だと思うのです。話し方から行動まで、意識的に相手に気を使わせないようにしている人は、直観力も非常に優れています。だからこそ、そういう言動を取ることができるのです。

また、丹田を意識した呼吸を心がけ、あまり感情的にならないことも大切です。どんな状況でも冷静に判断できるようでないと、上手に直観力を使いこなせません。逆に、理性を働かせて自分をコントロールできる人は直観力も鋭いのです。

まずは相手が動く前に、「これはやったほうがいい」と思ったらすぐに動く。もしくは「これを伝えたい」と思ったらすぐに伝える。いずれも相手を幸せにできる形で行う。そんな言動を意識し理性を働かせながら、相手に気を使わせない生き方を日常に取り入れてみてください。自然と直観力が身についていきます。

◆掃除の魔法……汚いところに神様は来ない

神こそ心の中に宿る——つまり、皆さん一人ひとりの心の中に神様は宿っています。私たち一人ひとりは、神の分霊です。神様はどこにいるのかと外側を探すのではなく、それぞれの心に宿っている神様を輝かせることが大切になります。

具体的には、人に対する思いやりを持つよう意識したり、人のためになる一日一善を積み重ねたり、想像力を働かせて相手を幸せにする言葉を使ったり……。人のためにと思って行うことは、すべて内側に宿る神を輝かせることになります。

では、神様が一番嫌うことは何だと思いますか。それは、人の目を盗んで悪事を働くこと。「誰も見ていないから捨ててもいいや」「誰もいないから盗んでいいや」などという気持ちから捨てたり、盗んだり、悪事を働くことは、あなたの内側の神様を汚すことになります。日本には「天知る地知る」「誰も見ていなくてもお天道様が見ている」などの言葉がありますが、先人たちはこうしたことを知っていたので、それを戒める言葉を残してきたのではないかと思うのです。

人間の心の在り方は、その人が住む部屋の在り方にも通じます。ですから、部屋が汚かったり、ほこりだらけだったり、空気がよどんでいたりする人の心にも、神様は宿りません。悪いことばかりして、悪どいことばかり考えて、心だけでなく住んでいる部屋も汚れている人のところに神様はいないのです。その逆の場所、つまり人々の美しい心に神は宿ります。

とはいえ、私たちはすぐに美しい心に入れ替われるわけではありません。日々の努力が必要になります。そこでおすすめしているのが部屋の掃除です。相手への思いやり、一日一善など、心をきれいにする努力をしながら、部屋の掃除もしていきます。部屋の掃除はやればやるだけ、その場で空気が変わります。そして、そこに住んでいる人の心も晴れやかにしていきます。

ですから、神様を自分の心の中に宿らせたい時は、掃除も一緒にしてみてください。窓を開けて空気の流れをよくして、部屋のすべてに掃除機をかけて、お手洗い、お風呂、キッチンなど水回りをきれいにして、玄関周りも掃き清めます。また、もういらない服や本は捨てるなど、思いきった断捨離をしてもよいでしょう。

すると、気持ちがさっぱりしますし、よどんでいた空気が清らかに流れ始めるので、あなたの現実にも何か変化が起こるかもしれません。なんとなく最近ついていない、このところやる気が出ない、自分の気持ちがささくれていると感じる時には、だまされたと思ってまずは掃除をしてみてください。あなたの部屋に、心に、神様を宿らせていきましょう。気持ちがクリアになり、幸せも引き寄せやすくなります。

◆天災や地震にも意味がある

２０２０年、２０２１年はすべてにおいて「心を主軸におきなさい」という、これまでのやり方を洗い流していく年になります。２０２０年は新型コロナウイルスが発生し、とくにその傾向が強く出ていました。緊急事態宣言が発出され、外出の自粛、リモートワークの推進が進み、飲食店の休業や時間短縮など、一気に世の中の人々がこれまでとは違う日常を送ることになりました。その中で、自分にとって本当に大事なものは何だったのかに気づく人たちも数多くいました。また、これまで隠されていた事柄が次々と明らかになり、よどんでいた水が一気に流れ出す時代に入っていきました。

そうした流れを踏まえて、2021年はより明確に、人々はいろいろなことに気づいていきます。メディアで流れている情報が真実なのかフェイクなのか。絶対に必要と言われているものが、本当に必要なのか。自分の中でより明確にそうした振り分けがなされていく年となります。

そして翌2022年は、一気に変化して不具合が出てきた部分を復興していく年となるでしょう。

新型コロナウイルスに端を発する一連の世の中の出来事は、「世の人間すべてが物事に対して今一度立ち止まって、いろいろなことを考えていかなくてはいけない」という天からのメッセージでもあるのです。

何を考えていかなくてはいけないかというと、これからは「こうしておけば安泰」「こうすれば成功する」といった今までの当たり前が崩れていきます。だからこそ、自分が本当にやりたいことはなんなのか。今の自分の生き方で本当によいのかということを見極め、自分が進みたい方向に自ら舵を切っていかなくてはなりません。

では、あなたは何のためにこれから生きていきますか？

そのことを「もういい加減、自分自身で考えなさい。そして動き出しなさい」と、地上に住むすべての人たちが天から言われているのです。

◆あなた自身で見極める力を持ちなさい

もう一つ、天から大事なメッセージが届いています。それは本書の冒頭でもお伝えしましたが、「自分で見極める力を持ちなさい」ということ。多くの人たちが、今までは政治家やテレビなどのメディアに依存して生きていました。

そして、何かうまくいかないことがあると「総理大臣が悪い」「こんな社会が悪い」「テレビでこう言っているのだから、これで間違いないはずなのに」といって、何かのせいにして生きてきてしまったのです。けれど、これからはこのやり方は通用しません。この情報は正しいのか間違っているのか。この考え方は良いのか、悪いのか。この人は信用できるのかできないのか。すべてを自分で見極めて生きていくようになるからです。

コロナ禍になって、テレビを見るよりもYouTubeやAbemaTVやAmazonプライムなどを見る人たちが増え、芸能人などもSNSを使って独自の情報を発信するようになってきています。テレビ離れは明らかに進んでいますが、なぜそうなっているのでしょうか。

もしかしたら、多くの人が無意識のうちに「テレビの情報はすべてが正しいわけではない」ということに気づき始めているからかもしれません。

また、2030年、2031年には、日本が揺らぐほどの大地震が、関東より北のエリアで発生すると思います。私たち日本人は、ウイルスだけでなく天災、そしてそこから派生した人災などにもつねに向かい合わなくてはいけないのです。

そういう日本という国に今のこの激動の時代を選んで私たちは生まれてきました。地震などの災害が多い日本という国に生きる私たちの学びは、「自然に対する敬い」です。日本は島国で、もともと八百万の神がいるといわれてきました。緑豊かな国ではありますが、日本の食料自給率は37%(2018年度)。戦後直後は88%(1946年度)でしたが、次第に数値が下がり、2000年度以降は40%前後の横ばい状態が続いているのをご存じですか。

一方、海外の食料自給率はカナダが264%、オーストラリア224%、アメリカ13

0％、フランス127％（2013年度　農林水産省試算）など、日本とは歴然とした差が生まれています。

日本の場合、お米などを除いては、ほとんど海外からの輸入に頼っています。日本は自然とのつき合い方を改め、食料を自給自足するための道筋を考え直さなくてはならないところにきているといえるでしょう。

新型コロナウイルスは、こうした部分にも警鐘を鳴らす出来事でした。多くの人が自分自身の心で物事を見極めることを強いられてきましたが、この傾向は2022年における復興という部分においても大切になってきます。

◆おみくじの本当の読み方

神様からのメッセージとして受け取りやすいのがおみくじです。くじを引いて「大吉が出た！」と喜んだり、「えー、凶が出てしまった」と落ち込んだりした経験、あなたにもあるのではないでしょうか。けれど、おみくじの活用方法は、それ以外のところにあります。結果として出された吉凶に一喜一憂するのではなく、そのおみくじに書かれている言葉をしっかりと受け取ってください。

また、神社に行っていきなりおみくじを引くのはマナー違反になります。まずは本殿に向かって鈴を鳴らしてお参りし、神様にご挨拶をした後に、「今日のお言葉をください」と心の中でお伝えしながらおみくじを引くのが本来のやり方だからです。

なぜなら、お参りの時に鳴らす鈴は、家でいうチャイムです。神様の家でもある本殿に向かって鈴を鳴らすことは、家のチャイムをピンポーンと押して「ごめんください」とご挨拶するのと同じこと。

ちょっと考えてみてください。もしあなたが神様だったら、いきなり「こんにちはー」とズカズカ入り込んできて、おみくじをいきなり引く人間よりも、「ごめんください。今日はこういうことでこちらにうかがいました」とご挨拶してから、「今日のお言葉をください」と心の中で言葉を添えておみくじを引く人間のほうに言葉をかけてあげたくなりませんか？　このように節度を持って引くおみくじは、神様からあなたへの大切なメッセージとなります。

ここで大事になるのが心の在り方です。それによって、メッセージの読み取り方が異なってくるからです。メッセージを読む時は、できれば静かな場所で一人になり、なるべく心静かな状態でその内容と向き合うことをおすすめしています。

また、悪い結果のおみくじを神社の木の枝などに結んで帰る人がいますが、あれはなんの意味もない行為です。結局あれは取り外されて燃やされているだけですから。大事なのはそういうことではなく、どんな内容が書いてあっても「今の自分に必要なメッセージなんだな」と受け止めて、持って帰ってノートに貼っておき、何かあれば読み返すくらいでいることが大切なのです。

なお、自分の納得のいくメッセージが出るまで何度も引くという人がいますが、それもまったく意味がありません。最初に引いた1回目のメッセージが神様からの言葉です。それを大切に味わって、ご自身の人生に生かそうとする姿勢が、あなたのもとに幸せを引き寄せるのです。

◆睡眠は神様にもっとも近づいている時間

睡眠こそが霊的な世界とつながる一番の方法です。睡眠というのは、私たち人間が無になる時間です。通常、私たちは起きている間は意識があり、肉体に「気」が入っています。ところが寝ている間はこの「気」が肉体から抜けて、霊的な世界に帰って話し合いをしたり、リフレッシュしたりしているのです。起きたらみんな忘れてしまっていますが、夢の中では死後の世界の人たちともよく会っています。そして、そこでいろいろなミーティングをしているのです。

なかには「私はまったく夢をみないのですが、それでもちゃんとあの世でミーティングしているのでしょうか」と不安に思う方もいるようですが、安心してください。夢をみていないと思っていても、それはただ忘れてしまっているだけで、ちゃんとあの世の人たちとミーティングをしています。

なぜなら、夢は亡くなった後の心を定めるためのレッスンでもあるからです。私たちは亡くなった時にはじめてあの世を体験するのではなく、生きている時から夢を通じてあの世を少しずつ体験しているのです。もちろん、意識としては覚えていません。けれど、魂だけがそうした経験を積んでいて、亡くなった時にあの世へ行くための準備をしているというわけです。

極端な例ですが、全国どこにいても亡くなったらまずは大阪に行くことになっているとしましょう。東京で暮らしていたAさんが亡くなり、そこから大阪という町にはじめてポンと行っても、右も左もわからないでしょう。けれど、夢を通して何度か足を運んでいれば、「大体このあたりにはこれがあるな」「あそこはこうなっているな」というように、ある程度大阪という場所に慣れた状態で行くことができます。それと同じことが夢を通じて、あの世とこの世で行われているのです。

予知夢というのも、あの世からのメッセージです。その夢を見た時は意味がよくわからなくても、のちのち「あれはそういうことだったのか」と気づくことがあります。なかには「知らない男性（女性、もしくは風景などの場合もある）なのですが、こういう人が出てきたんですよね」などという場合があります。こうした夢は実は「これからその人（もしくは風景など）に会いますよ」というメッセージです。

こうしたこと以外にも、亡くなればわかることというのはたくさんあります。私が一番意外に感じたのは、亡くなった人はすべて霊能力者であるということ。生きていると霊能力の違いというのは人それぞれにありますが、こうした能力がゼロという人は一人もいません。あちらの世界に戻れば、全員が霊能力者だからです。

けれど今世では霊能力以上に大切なこと、つまり人間としてさまざまな体験を積むことが課題であり、これらが魂の栄養となっていきます。さまざまな経験というのは肉体があるこの世でしか味わえません。ですからぜひ、いいことも悪いことも「自分が体験しようと決めてきたこと。ならば、腰を据えて味わってみよう」というくらいの気持ちで取り組んでいただきたいと思うのです。

◆「すみません」を「ありがとう」に変えると運気が上がる

言葉というのは人間だけに与えられたコミュニケーションツールです。ほかの生物たちは、人間が操るような言葉というものを持っていません。

突然ですが、蛇のしっぽを持ってグルグル振り回すと、どうなるかご存じですか？　大抵こう聞くと皆さん「目をまわす」「気を失う」などとおっしゃるのですが、違います。その周囲にいる蛇たちがあちこちからザーッと出てきて、こちらに寄ってきます。振り回されている仲間を助けようとして、たくさんの蛇が集まってくるのです。私自身、小さな頃からこれは何度も経験しています。蛇は「助けてー！」などの言葉は発しませんが、明らかにSOSの念を飛ばしているのです。

けれど、私たち人間は、目に見えない念ではなく、耳で聞き、目で見て捉えられる言葉というものを持っています。私たち人間に問われているのは、こうした言葉をあなたはどのように使いますか？　ということでもあります。

そして、私たちは神様から「同じ言葉を使うなら、人を貶めるような言葉よりも、人が喜ぶ言葉を使いなさい」と言われています。

日本人の場合、なにかというと口癖のように「すみません」と言ってしまう人がとても多いです。ですから、まずはこれを「ありがとう」と伝えられるように変えていく練習をしてほしいのです。「すみません」より「ありがとう」といわれたほうが、相手も気持ちがよいはずだからです。

人を不幸にする言葉もあれば、人を幸せにする言葉もあります。不幸にする言葉は「バカ」「死ね」「おまえなんかいなきゃいいのに」などですし、幸せにする言葉は「ありがとうございます」「素敵ですね」「感謝します」などになります。

そして、自分の意識やいつも使っている言葉がマグネットとなり、それにふさわしい現実を引き寄せています。もうおわかりですよね。ポジティブな言葉を自然と使えている人は、自然に幸せを引き寄せているわけです。それならば、ネガティブな「すみません」より、ポジティブな「ありがとうございます」をたくさん使って、自分の周りにポジティブで幸せなことを引き寄せていきませんか。

毎日意識して「ありがとう」と言っていれば、私たちの意識の８～９割を占める潜在意識にその言葉が染み込み、そういう現実を探し出してくれるようになります。それによって、ますます自分の周りには幸せなことばかりが起こるようになります。

それと同時に大切にしていただきたいのが言霊です。自分が発する言葉にどのような思いをのせているかが大切になります。なかでも一番美しいのは、相手を思いやって発する言霊です。私たちが毎日口にしている言葉には、本当にさまざまなエネルギーが宿っています。ですから、言葉を疎かにする人は、人生を疎かにしています。言葉を大切にする人は、人生も大切にしています。幸せを引き寄せ、人生を充実させたいならば、あなたが発する言葉から大切にしてみてください。

おわりに～神様がすべての人に望む幸福とは何か？～

神様は私たちすべてが幸せであるようにと、さまざまな現実を見せてくれています。ただ、それは単に幸せな現実だけを与えるのではなく、「かわいい子には旅をさせろ」というスタイル。ですから、幸せなこともあれば、不幸なこともある。そうしていろいろな体験を積むことで「魂を磨いておいで」と見守ってくださっています。

私たちはそれぞれの魂のテーマを持って生まれてきています。ですから、神様が一番望むことというのは、酸いも甘いもいろいろな経験を積み、それらをしっかり味わえる人間になってほしいということなのです。

神様が考える幸福とは、どんなことに対してもつねに感謝の心を持てる心の在り方のことです。けれども人間界は真逆の価値観で、物を豊かに持っている人は幸せ、物がない人は不幸せというような部分があります。けれど、神様の価値観はそうではありません。毎日を生きられることに感謝しながら、日々湧き上がってくる喜怒哀楽を存分に味わうことこそが、人間として生きることの醍醐味なのです。

2020年に始まった新型コロナウイルス感染症拡大をはじめ、これから世の中はこれまで体験したことのないステージへと入っていきます。そういう時代において自分自身の拠り所となるのは、お金や物ではなくその人の心の在り方です。

この本を通じて、一人でも多くの方々に神様の価値観で生きる素晴らしさを知っていただき、毎日を幸せな出来事で彩ってもらえたら幸いです。

令和3年4月吉日

スピリチュアル・ミーディアム　田井善登

田井善登　たい ぜんと

スピリチュアル・ミーディアム

2011年～　修行開始

2012年～　和歌山でカウンセリングの予約が取れない状況になる

2019年７月　和歌山だけではなく、東京でも自分の活動を広めたいと思い上京

2019年９月　「株式会社月ノ和」設立

2020年９月　国際ビジネス大学校和歌山校校長就任

2021年　国際ビジネス大学校和歌山校　スピリチュアル学科開講

ハッピーチェンジの法則

この世にはいない存在「自然霊」との取次

第一刷　2021年6月30日

著者　田井善登

発行人　石井健資

発行所　株式会社ヒカルランド
〒162-0821　東京都新宿区津久戸町3-11　TH1ビル6F
電話　03-6265-0852　ファックス　03-6265-0853
http://www.hikaruland.co.jp　info@hikaruland.co.jp
振替　00180-8-496587

本文・カバー・製本　中央精版印刷株式会社

DTP　株式会社キャップス

編集担当　ギブソン悦子

ISBN978-4-86471-999-5

神楽坂♥《ハート》散歩
ヒカルランドパーク

驚異のスピリチュアル・ミーディアム
月ノ和・田井善登個人セッション

「ハッピーチェンジの法則」著者
スピリチュアル・ミーディアム田井善登先生が
あなたを霊視します！

田井先生がお伝えするアドバイスは
的確かつとても具体的。

「東京都内で引っ越すなら〇〇区です」

「〇〇さんに仕事を引き継いでください」

「3年間、お子さんの話は聞くだけにしてください」などなど

アドバイスを実行に移して人生が開ける人続出中！

あなたも人生の秘密マニュアル、手に入れませんか？

開催日：2021年7月23日（金）／7月25日（日）／8月21日（土）／8月22日（日）
タイムスケジュール：13:00-14:00　14:15-15:15　15:30-16:30
会場：神楽坂ヒカルランドみらくる（東京メトロ神楽坂駅徒歩2分）
〒162-0805　東京都新宿区矢来町111　サンドール神楽坂1F・2F
料金：50,000円　　申し込み：神楽坂ヒカルランド みらくる

神楽坂ヒカルランド みらくる Shopping & Healing
〒162-0805　東京都新宿区矢来町111番地
地下鉄東西線神楽坂駅2番出口より徒歩2分
TEL：03-5579-8948　メール：info@hikarulandmarket.com
営業時間11：00〜18：00（1時間の施術は最終受付17：00、2時間の施術は最終受付16：00。）
※ Healing メニューは予約制。事前のお申込みが必要となります。
ホームページ：http://kagurazakamiracle.com/

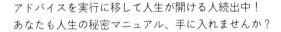

自然の中にいるような心地よさと開放感が
あなたにキセキを起こします

神楽坂ヒカルランドみらくるの1階は、自然の生命活性エネルギーと肉体との交流を目的に創られた、奇跡の杉の空間です。私たちの生活の周りには多くの木材が使われていますが、そのどれもが高温乾燥・薬剤塗布により微生物がいなくなった、本来もっているはずの薬効を封じられているものばかりです。神楽坂ヒカルランドみらくるの床、壁などの内装に使用しているのは、すべて45℃のほどよい環境でやさしくじっくり乾燥させた日本の杉材。しかもこの乾燥室さえも木材で作られた特別なものです。水分だけがなくなった杉材の中では、微生物や酵素が生きています。さらに、室内の冷暖房には従来のエアコンとはまったく異なるコンセプトで作られた特製の光冷暖房機を採用しています。この光冷暖は部屋全体に施された漆喰との共鳴反応によって、自然そのもののような心地よさを再現。森林浴をしているような開放感に包まれます。

みらくるな変化を起こす施術やイベントが
自由なあなたへと解放します

ヒカルランドで出版された著者の先生方やご縁のあった先生方のセッションが受けられる、お話が聞けるイベントを不定期開催しています。カラダとココロ、そして魂と向き合い、解放される、かけがえのない時間です。詳細はホームページ、またはメールマガジン、SNSなどでお知らせします。

神楽坂
ヒカルランド
みらくる
Shopping & Healing

神楽坂ヒカルランド みらくる Shopping & Healing
〒162-0805 東京都新宿区矢来町111番地
地下鉄東西線神楽坂駅2番出口より徒歩2分
TEL：03-5579-8948 メール：info@hikarulandmarket.com
営業時間11：00〜18：00（1時間の施術は最終受付17：00、2時間の施術は最終受付16：00。）
※ Healingメニューは予約制。事前のお申込みが必要となります。
ホームページ：http://kagurazakamiracle.com/

神楽坂ヒカルランド
《みらくる Shopping & Healing》
大好評営業中!!

宇宙の愛をカタチにする出版社　ヒカルランドがプロデュースしたヒーリングサロン、神楽坂ヒカルランドみらくるは、宇宙の愛と癒しをカタチにしていくヒーリング☆エンターテインメントの殿堂を目指しています。カラダやココロ、魂が喜ぶ波動ヒーリングの逸品機器が、あなたの毎日をハピハピに！　AWG、メタトロン、音響免疫チェア、ブルーライト、ブレインパワートレーナーなどなど……これほどそろっている場所は他にないかもしれません。まさに世界にここだけ、宇宙にここだけの場所。ソマチッドも観察でき、カラダの中の宇宙を体感できます！　専門のスタッフがあなたの好奇心に応え、ぴったりのセラピーをご案内します。セラピーをご希望の方は、ホームページからのご予約のほか、メールで info@hikarulandmarket.com、またはお電話で03-5579-8948へ、ご希望の施術内容、日時、お名前、お電話番号をお知らせくださいませ。あなたにキセキが起こる場所☆神楽坂ヒカルランドみらくるで、みなさまをお待ちしております！

ヒカルランド　好評既刊！

地上の星☆ヒカルランド　銀河より届く愛と叡智の宅配便

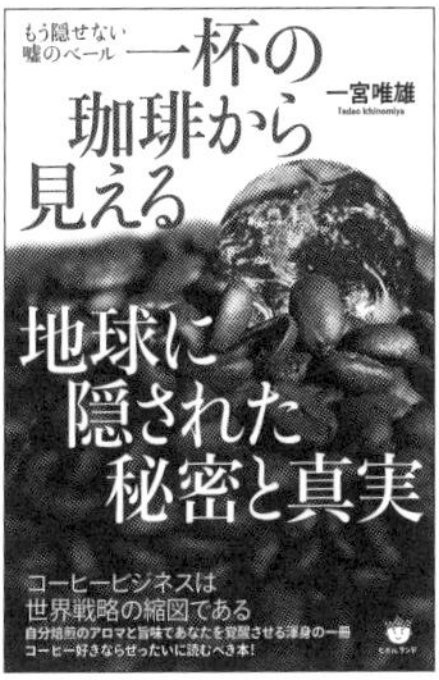

一杯の珈琲から見える
地球に隠された秘密と真実
著者：一宮唯雄
四六ソフト　本体1,815円+税

「自然栽培」で地球を救っていく！
著者：坂の上零／高野誠鮮／池田整治
四六ソフト　本体1,800円+税

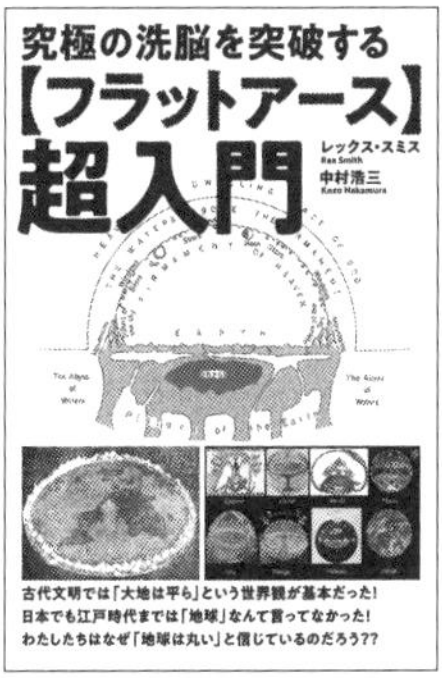

【フラットアース】超入門
著者：レックス・スミス(Rex Smith)／中村浩三
四六ソフト　本体2,000円+税

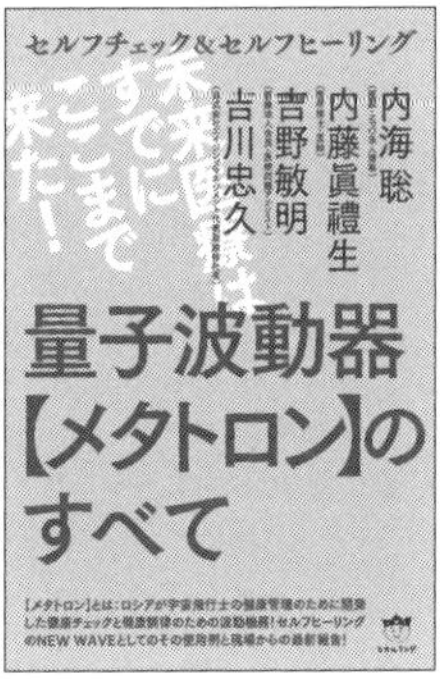

量子波動器【メタトロン】のすべて
著者：内海 聡／内藤眞禮生／吉野敏明／吉川忠久
四六ソフト　本体1,815円+税

コロナは概念☆プランデミック
著者：片岡ジョージ
A5ソフト　本体1,600円+税

ワクチンSOS！
著者：高橋 徳／坂の上零
四六ソフト　本体2,000円+税